Chaman Wijesiriwardana
Dakshina Hewage

# Facilitar os Desenvolvedores com Prototipagem Rápida

Chaman Wijesiriwardana
Dakshina Hewage

# Facilitar os Desenvolvedores com Prototipagem Rápida

ScienciaScripts

**Imprint**
Any brand names and product names mentioned in this book are subject to trademark, brand or patent protection and are trademarks or registered trademarks of their respective holders. The use of brand names, product names, common names, trade names, product descriptions etc. even without a particular marking in this work is in no way to be construed to mean that such names may be regarded as unrestricted in respect of trademark and brand protection legislation and could thus be used by anyone.

Cover image: www.ingimage.com

This book is a translation from the original published under ISBN 978-613-9-90213-2.

Publisher:
Sciencia Scripts
is a trademark of
Dodo Books Indian Ocean Ltd. and OmniScriptum S.R.L publishing group

120 High Road, East Finchley, London, N2 9ED, United Kingdom
Str. Armeneasca 28/1, office 1, Chisinau MD-2012, Republic of Moldova, Europe
Printed at: see last page
**ISBN: 978-620-5-72130-8**

# Abstrato

Com o surgimento das mais recentes tecnologias web, tornou-se agora a solução de software mais utilizada para muitas áreas de negócio. Devido à sua flexibilidade e ligações fáceis entre os clientes e o servidor feitas através de nuvens, é o fornecedor de soluções tecnológicas mais popular para a indústria. Dito isto, novas e mais rápidas abordagens para programação, planeamento, implementação e teste estão a ser introduzidas a uma velocidade rápida. Como resultado disto, um grande número de novas ferramentas e tecnologias estão a surgir na indústria. Embora tenham introduzido estas ferramentas e técnicas para facilitar o trabalho de desenvolvimento, ainda existem algumas áreas que são demoradas e dispendiosas para a gestão. Para ser específico, a concepção da base de dados, a configuração inicial do projecto, a codificação do módulo de autenticação, a codificação das interfaces do utilizador, a escrita das funções CRUD cobrindo cada caso de utilização das aplicações, a configuração do mecanismo de implantação, a escrita de casos de teste, e muitas mais tarefas ainda são feitas manualmente ou retiradas de um projecto anterior. Mesmo que o tenham retirado de um projecto anterior, ainda têm de codificar as operações CRUD e algumas outras coisas que ainda não são automatizadas.

O objectivo deste livro é propor um mecanismo de automatização adequado para a maioria das tarefas que ainda não estão automatizadas utilizando projectos de código aberto disponíveis e combinar um conjunto de ferramentas de automatização específicas para cada tarefa para agir como uma solução completa. Embora existam alguns sistemas disponíveis que os programadores estão a utilizar para reduzir o trabalho repetitivo, e podem gerir o seu trabalho utilizando estes sistemas, este pode ser melhorado e poupar dias a semanas a partir do seu tempo de desenvolvimento. Desta forma, pode evitar preocupações sobre o custo envolvido na implementação devido ao tempo gasto nestas tarefas repetitivas.

Este livro propõe uma solução personalizada para evitar tarefas repetitivas na implementação de software. A redução do tempo gasto nestas tarefas é o objectivo principal deste projecto que, em última análise, conduz a uma aplicação de prototipagem de software. Uma vez que a abordagem moderna da implementação de software é orientada por modelos, o sistema proposto consistirá também na abordagem orientada por modelos com a sua solução. O método proposto é capaz de gerar código fonte. O código fonte pré-gerado pode reduzir o tempo gasto na codificação, utilizar uma abordagem orientada por modelos, automatizar validações, manter padrões de codificação, bem como gerar elementos UI que são necessários para mostrar os dados no frontend. Utilizando apenas dois ficheiros de esquemas escritos em formato JSON que descrevem o fluxo da aplicação, os modelos e sistemas de validação são capazes de compreender e gerar código com base nestes ficheiros de definição. Uma vez que a aplicação está a utilizar um nível muito elevado de definição dos requisitos do utilizador, trata-se de uma abordagem de engenharia avançada. Tendo em conta as últimas tecnologias e a evolução da tecnologia móvel, o código gerado será constituído por 2 secções, nomeadamente a Front-end e a Back-end. O Front-end consiste na informação UI e no fluxo da aplicação que o cliente final ou o cliente irá experimentar. O backend é constituído por uma API REST altamente personalizável que suporta também a implementação móvel. Para facilitar a implementação deste projeto, um projecto está a utilizar um conjunto de projectos de código aberto, tais como o angular-seed, expressjs. E a solução é fornecida utilizando NodeJs. Model-Driven Application Prototyping and Code Generation using Forward Engineering System (FES) suporta a geração de código em múltiplas linguagens e suporta vários SGBD como MySql, SQL, MongoDB, etc. Testamos o sistema com programadores profissionais.

Finalmente, atingimos a tarefa de implementar uma solução de software que gera código de modelo, configuração inicial do projecto, reutilizável e testável, suporta múltiplas bases de dados e reduz substancialmente o tempo gasto em trabalho repetitivo. E na primeira fase da maioria dos projectos de aplicações web, pode reduzir o tempo de configuração do projecto em quase 1,5 semanas, assim como 4-10 horas de 1 módulo do código.

**Palavras-chave:** prototipagem, geração de códigos guiados por modelos, engenharia avançada, automação CRUD

# Tabela de Conteúdos

# Capítulo 1

# 1. Introdução

## 1.1. Prolegómenos

O mundo moderno já foi tomado pela tecnologia, uma vez que chegou a um ponto em que nem sequer é possível viver sem ela. Antes de há 20 anos, nunca ninguém imaginara que a tecnologia se tornaria tão avançada que a tecnologia desempenharia um papel importante em áreas como o processamento de alimentos, vestuário, investigação médica, gestão da água, centrais eléctricas, etc. Considerando a complexa vida quotidiana de um ser humano e o rápido crescimento da população mundial, esta nem sequer será capaz de satisfazer as necessidades humanas básicas sem a tecnologia moderna. Embora a tecnologia esteja a desempenhar um papel significativo na satisfação das necessidades humanas básicas, também se tornou o fornecedor de soluções de ponta para a economia, transporte, vendas e marketing, banca e muitas outras áreas.

À medida que a tecnologia começou a ligar pessoas de todo o mundo com a inovação da rede mundial, foram introduzidos websites e páginas web apenas para fornecer informação. Inicialmente foram utilizados para comunicação de dados e muito raramente para marketing. Quando a tecnologia começou a evoluir e a tornar-se mais popular, a WWW começou a fornecer uma vasta variedade de soluções a pessoas em todo o mundo, tais como vendas e marketing, entretenimento, tecnologias de streaming, serviços de correio, etc. À medida que a necessidade destes serviços aumentou rapidamente, as empresas de desenvolvimento de software começaram a ficar mais ocupadas e sobrecarregadas com projectos. Para satisfazer um grande número de projectos e requisitos, a velocidade de desenvolvimento dos produtos de software teve de ser aumentada, respectivamente. A restauração a um grande número de projectos e requisitos significa uma base de clientes mais ampla e um aumento do lucro para uma empresa.

Como resultado, a abordagem de um grande número de requisitos ao mesmo tempo tornou-se um problema e foi muito difícil de manter. Desenvolvedores e engenheiros estavam interessados em experimentar e pesquisar coisas novas que garantiriam que cada fase da metodologia de desenvolvimento de software levaria menos tempo, mantendo a qualidade que beneficiaria tanto o cliente como a empresa que fornece as soluções de software.

Para este fim, as pessoas introduziram várias metodologias de desenvolvimento de software, tais como Waterfall, Prototyping, Agile, etc. Como exemplo, foram introduzidos documentos SRS, gráficos de Gantt, diagramas de desenho, documentos de reuniões com clientes, etc., para a fase de planeamento. O desenvolvimento de software moderno utiliza diferentes métodos e ferramentas durante cada fase do ciclo de vida do desenvolvimento. Especificamente, para a fase de implementação, introduziram diferentes linguagens de programação tais como PHP, C#, Java, JavaScript, Python, Ruby, etc. Para cada uma destas linguagens, introduziram diferentes frameworks, padrões de design como OOP, MVC [1], Singleton, Model-Driven architecture, Modularized architecture, etc.

Acelerar o processo de desenvolvimento, melhorar a qualidade do produto, melhorar a segurança, código altamente fiável e de fácil manutenção, clientes satisfeitos, equipas de projecto satisfeitas e lucros acrescidos são alguns dos benefícios da utilização destas tecnologias. Embora estas ferramentas e métodos tenham aumentado os lucros e a produtividade da ferramenta de software, tornou a linguagem de programação mais complexa e o pessoal experiente apenas as considerou úteis. Como os criadores novatos estão a gastar mais tempo em pesquisa e aprendizagem em cada uma destas estruturas e melhores práticas, isto torna mais difícil aos criadores novatos que entram como membro de uma equipa de trabalho alcançar os outros. Ensinar-lhes estas tecnologias requer mais tempo e esforço.

Como resultado, peritos da indústria estão agora a pesquisar sobre geradores de código capazes de gerar código fonte de software com base num requisito. Estes geradores tentam reduzir o tempo gasto em tarefas repetitivas, gerar código fonte com padrões aceites pela indústria, seguindo padrões e estruturas de concepção amplamente utilizados.

Esta investigação é um esforço na implementação de uma ferramenta de software capaz de gerar um protótipo de código-fonte funcional baseado num determinado requisito e pesquisar um método sofisticado que defina o requisito do cliente que é compreensível por um computador. A solução é supostamente para resolver problemas definidos enfrentados pelos programadores e outros membros do projecto no dia-a-dia, que serão discutidos mais aprofundadamente durante a secção do domínio do problema.

## 1.2. Antecedentes e Motivação

Quando se trata de desenvolvimento de software, há um conjunto de coisas que os membros da equipa fazem repetidamente. Especificamente, as equipas fazem muitas reuniões de clientes tentando esclarecer os requisitos, as arquitecturas de sistema trabalham arduamente na concepção da melhor solução possível com base nos requisitos do cliente e isto inclui um grande número de iterações e afinação fina. Quando a equipa de desenvolvimento inicia a implementação, estão envolvidos em trabalhos de base que são quase semelhantes para a maioria dos projectos. Isto inclui a criação de controlo de versões, a criação de estruturas de software, o início de gestores de dependência, a criação de ferramentas de teste e integração contínua, a criação de ferramentas de implementação. A tendência moderna é que os programadores dividem a solução de software em módulos e completam um por um. Estes módulos utilizam diferentes estruturas e práticas de programação. Na maioria das vezes, o funcionamento final destes módulos está envolvido em tarefas semelhantes, tais como criar, ler, actualizar, apagar, o que é CRUD [1] independentemente da lógica empresarial. Uma vez terminada a implementação, esta é então passada aos testadores e estes são responsáveis pela validação do produto de software. Os testes também envolvem testar as operações CRUD mencionadas acima, que são semelhantes para a maioria dos módulos.

Estas tarefas repetitivas podem ser categorizadas em duas secções. Nomeadamente tarefas repetitivas de curto prazo e tarefas repetitivas de longo prazo. Reuniões de clientes para esclarecimentos de requisitos, afinação fina da concepção do sistema e operações CRUD podem ser identificadas como tarefas repetitivas a curto prazo. O trabalho de base para cada projecto pode ser identificado como uma tarefa repetitiva a longo prazo.

Com o surgimento das tecnologias de desenvolvimento web e de engenharia de software, foram introduzidos vários métodos e ferramentas que abordam estas tarefas repetitivas. Especificamente, estas ferramentas incluíam automação CRUD, geração de interface de utilizador, sistemas que fazem o trabalho de base para programadores, sistemas que podem gerar o fluxo de um sistema, etc.

Webratio [2] é um produto que foi concebido para gerar o fluxo do sistema e o código fonte do mesmo. Este produto é capaz de gerar o código fonte em Java e forneceu uma interface interactiva que pode ser utilizada para conceber o sistema. PHP grocery CRUD [3] é um trabalho que pode gerar operações CRUD para tabelas de base de dados Mysql. yeoman generator [4] é uma colecção de geradores de código-fonte em que os programadores podem utilizar para fazer trabalho de base para eles. Esta ferramenta ajuda a evitar tarefas repetitivas a longo prazo e a acelerar o tempo inicial de configuração do projecto. E os peritos da indústria relatam ter ganho uma melhoria significativa na produtividade ao introduzir estas ferramentas no seu processo de desenvolvimento.

Do mesmo modo, com o avanço de outras estruturas de programação como laravel [5] e expressJs para Node [6] que seguem a arquitectura MVC orientada por modelos, a implementação de Web APIs e aplicações Web tornou-se muito mais fácil do que era anteriormente. Os peritos sugerem melhorias de manutenção no que diz respeito à implementação centrada no código, maior eficiência, maior eficácia e optimização do esforço de desenvolvimento utilizando estas ferramentas.

Embora estas ferramentas fossem capazes de reduzir o tempo necessário para tarefas repetitivas através da geração de código fonte, elas estavam a gerar um código generalizado que pode depois ser modificado para trabalhar também com outros módulos. Para ultrapassar esta questão, deveria haver um mecanismo para alimentar o sistema e gerar um código personalizado para cada um destes módulos, o que reduziria ainda mais o tempo necessário para o seu funcionamento. Pesquisa feita na Universidade Ibn Tofail, Kenitra [7] os autores apresentaram uma abordagem baseada em transformações de modelos que gera automaticamente as operações CRUD para um sistema web tomando diagramas de classes baseados em perfis UML (Unified Modeling Language) como entrada. Investigação realizada na Universidade de Twente Holanda [8] os autores também avaliaram as melhorias de produtividade obtidas através de uma abordagem de geração de códigos baseada em modelos que gera automaticamente as operações CRUD para um sistema de informação Web. Esta abordagem também toma os diagramas de classes UML como input. Ao utilizar estes geradores, os autores observaram uma importante redução do tempo de desenvolvimento (até 90,98%). Também pesquisaram os programadores sobre as dificuldades encontradas em comparação com a abordagem de codificação manual e obtiveram melhores resultados para a abordagem de geração de código.

Uma pesquisa feita no Departamento de Engenharia da Universidade de Sannio, Itália [9] sugere uma definição de classe utilizando linguagem XML que será depois utilizada para gerar o código. O processo e as tecnologias adoptadas para implementar esta abordagem podem ser reutilizados para desenvolver a abordagem de prototipagem rápida para um modelo de concepção diferente e/ou uma plataforma tecnológica alvo diferente. Outra investigação feita na Universidade de Lisboa, Portugal [10] sugere também uma definição de modelo utilizando a linguagem XML e operações de geração

CRUD utilizando padrões de design MVC.

Embora estas ferramentas possam ser úteis em diferentes cenários, há um conjunto de questões que ainda não foram abordadas. Estes serão discutidos na próxima secção.

## 1.3. Domínio do problema

As tecnologias da informação representam uma das áreas de negócio em mais rápido desenvolvimento [10]. Especificamente, as aplicações Web têm normalmente de ser desenvolvidas e entregues num período de tempo muito curto e depois disso devem ser actualizadas e evoluídas ainda mais rapidamente [9]. Reduzir o tempo de colocação no mercado, reduzir o custo de desenvolvimento (que depende do tempo), padronizar o desenvolvimento de software, melhorar a qualidade, melhorar a fiabilidade e reduzir a complexidade na gestão de processos [11] tornaram-se os factores cruciais para a realização de um trabalho e para a sua entrega. Este ciclo de vida de desenvolvimento muito curto obriga frequentemente os programadores a concentrarem-se mais na implementação e a dedicarem pouco esforço e pouco tempo à fase de concepção, o que no final afecta negativamente a qualidade da aplicação web. A questão é como estes custos podem ser reduzidos, melhorando assim a produtividade e ultrapassando a concorrência. Tal como discutido anteriormente sobre as questões enfrentadas pelos criadores modernos, bem como as soluções e pesquisas feitas para ultrapassar estas questões, ainda não são capazes de resolver alguns dos principais cenários. Nomeadamente,

### Automatização do CRUD

Os modernos sistemas de automação CRUD são capazes de gerar códigos-fonte de alto desempenho. Mas a maioria deles não são capazes de gerar códigos-fonte capazes de gerir a integridade dos dados e as relações entre tabelas ou modelos de bases de dados. O código-fonte que foi gerado utilizando estas ferramentas deve ser re-modificado para funcionar com a base de códigos do projecto existente. Ao mesmo tempo, estas ferramentas não podem ser utilizadas como ponto de partida para um projecto, uma vez que o ambiente de desenvolvimento inicial ou o trabalho de base deve ser feito antes da sua utilização.

**Geradores de projectos de sementes**

Como discutido antes do gerador yeoman é uma ferramenta que pode ser usada para gerar um projecto de sementes. Esta ferramenta é útil quando um novo projecto começa, uma vez que se ocupa de fazer trabalhos de base, tais como a criação de controlo de versões, código inicial do projecto, criação de um quadro de testes, etc., após a sua utilização para o início do projecto, não tem qualquer utilidade. Não é capaz de gerar qualquer operação CRUD nem o fluxo da aplicação.

**Linguagem de definição de requisitos**

Alguns investigadores sugerem que, utilizando a definição de requisitos, são capazes de gerar código fonte para um determinado requisito. Embora a utilização do mecanismo de definição de requisitos seja útil, a maioria destas ferramentas toma como input um diagrama UML ou uma definição de classe. A desvantagem desta abordagem é que os programadores ou designers têm de gastar tempo na concepção de UML ou Classes antes de utilizarem estas ferramentas.

**Apoio tecnológico moderno**

As aplicações web dos nossos dias correm em vários dispositivos, navegadores e plataformas. Estas incluem também aplicações móveis. Normalmente, as aplicações móveis são alimentadas por serviços de dados tais como REST API [12] ou serviços SOAP [13]. Nenhuma das aplicações acima mencionadas é capaz de gerar um bom serviço de dados. De acordo com as práticas modernas, deveria haver uma boa separação entre a camada de dados e a camada de apresentação. A existência de uma camada de dados separada torna possível a utilização do serviço de dados para outras aplicações, tais como móveis, como aplicações autónomas.

## Web and Mobile application using same data service

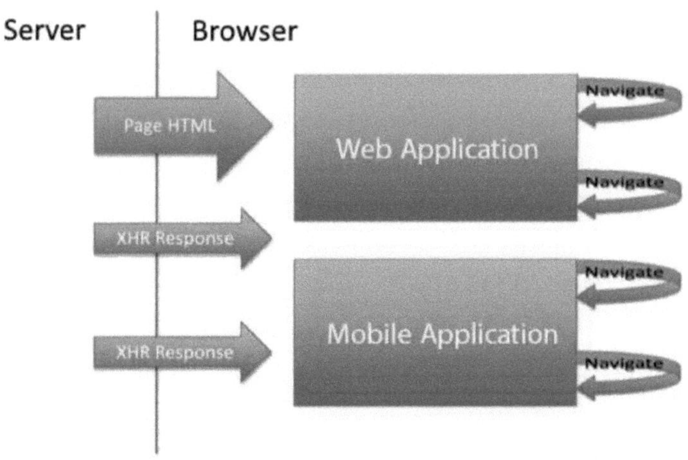

Uma boa investigação para preencher esta lacuna deve ser conduzida para ultrapassar estas questões enfrentadas pelas equipas do projecto.

## 1.4. Hipótese

Ao realizar uma extensa investigação sobre as questões enfrentadas pelas equipas do projecto, identificámos um conjunto de questões que precisam de ser abordadas. A este respeito, a nossa hipótese é que, **uma implementação de uma ferramenta de software que pode assumir um requisito único do cliente como um input definido num ficheiro de definição de requisitos e produzir um protótipo de código-fonte funcional.**

O software gerado deve ser capaz de utilizar facilmente e deve estar disponível em qualquer lugar, uma vez que o objectivo é reduzir o tempo necessário para tarefas repetitivas. Devido a isto, a solução proposta será entregue em duas variações uma como serviço e onde qualquer pessoa pode aceder

*Figura 1-1 Aplicação Web e uma aplicação móvel que comunica com a mesma API do servidor Web*

como eles quiserem. E uma como uma aplicação em Tempo Real onde observa as alterações de requisitos no ficheiro de definição de requisitos e constrói o código fonte em tempo real. O projecto é intitulado de acordo com esta hipótese,

**Gerador de código orientado para serviços para prototipagem rápida usando definições de requisitos baseados em esquemas**

### 1.4.1. Características Esperadas

- Automatizar as operações de CRUD
- Deve completar o trabalho de preparação mencionado
- Gerar o fluxo do sistema necessário, bem como as interfaces do utilizador
- Separação entre a camada de dados e a camada de apresentação

- Altamente orientado para o modelo
- Gerar o código fonte que segue os padrões da indústria com o padrão de design MVC

## 1.5. Finalidade e Objectivos

### 1.5.1. Objectivo

O objectivo desta investigação é de reduzir o tempo gasto nas tarefas repetitivas do dia-a-dia, mantendo ao mesmo tempo a qualidade do projecto. Isto leva a clientes felizes, equipas de projecto felizes, bem como a um aumento dos lucros.

## 1.5.2. Objectivos

O principal objectivo desta investigação é implementar uma ferramenta de software que irá gerar um protótipo de código-fonte de aplicação utilizando o conjunto fornecido de ficheiros de esquemas de definição de requisitos.

Deve também ser implementado um bom mecanismo de definição de requisitos, que deve ser capaz de definir o fluxo e os diferentes estados do sistema, modelos de dados e relações entre eles, elementos de IU, regras de validação de entrada do utilizador e mensagens de saída.

## 1.6. Estrutura do Livro

O melhor do livro está organizado da seguinte forma. O capítulo 1 faz uma revisão crítica da literatura sobre as actuais ferramentas de prototipagem e ferramentas de geração de códigos-fonte, tais como as ferramentas CRUD. O capítulo 2 está a discutir sobre os desenvolvimentos actuais. Assim como as questões e tecnologias que diferentes pessoas/organizações têm utilizado para ultrapassar as questões com a prototipagem e a geração automática de código. O capítulo 3 é sobre as tecnologias utilizadas na implementação da solução. O Capítulo 4 apresenta uma nova abordagem para construir protótipos totalmente funcionais, utilizando definições de esquemas. Os capítulos 5 e 6 descrevem a concepção e implementação, respectivamente. O capítulo 7 trata da avaliação da solução e discute 2 estudos de caso realizados. O capítulo 8 conclui a investigação com uma nota sobre o trabalho futuro.

## 1.7. Summery

Este capítulo descreveu a descrição geral da investigação e introduziu o problema da investigação e a solução. O próximo capítulo é a revisão bibliográfica que discutirá o trabalho de outros investigadores no mesmo domínio. fornecerá informação detalhada e completa sobre os antecedentes do projecto, com base num inquérito bibliográfico, bem como informações sobre os actuais desafios de desenvolvimento.

# Capítulo 2

# 2. Desenvolvimento actual e desafios

## 2.1. Introdução

O Capítulo 1 deu uma descrição completa do projecto global descrito neste livro. Este capítulo fornece uma revisão crítica da literatura em relação a desenvolvimentos e desafios na utilização de ferramentas de prototipagem e geração automática de códigos. Para este efeito, a revisão das pesquisas, software e artigos anteriores foi apresentada em três secções principais. Nomeadamente, os primeiros desenvolvimentos, as tendências modernas e os desafios futuros. No final, este capítulo define o problema da investigação.

## 2.2. Desenvolvimentos actuais

### 2.2.1. Rumo à geração automática de aplicações web mvc 2

Este documento [1] está mais centrado na Model Driven Architecture (MDA) para automatizar a geração do código. E discute a vantagem de utilizar o MDA. De acordo com a conclusão,

"Eles aplicaram a abordagem MDA na engenharia de aplicações web. Isto gera particularmente a realização de uma aplicação web com base num diagrama de classes UML. Este último é construído com base em diferentes atributos do sistema de informação. O processo de geração proporcionará ao utilizador a oportunidade de adicionar, editar, apagar, e especialmente exibir os vários objectos de que necessita. Ele deve ser capaz de exibir objectos de uma determinada classe, com base na informação de outro objecto de outra classe, desde que as duas classes estejam ligadas através de associações utilizando um diagrama de classes. Para o conseguir, desenvolvem primeiro o metamodelo de origem que gere os diagramas de classes UML. No metamodelo alvo, desenvolveram todas as metaclasses necessárias para serem capazes de gerar uma aplicação que respeite uma arquitectura MVC2. As regras de mapeamento foram desenvolvidas e reunidas num algoritmo de transformação. Este algoritmo permite navegar no diagrama de classes de origem e gerar através destas regras, um ficheiro XML contendo todas as acções, formulários, e depois encaminhar páginas jsp que podem ser utilizadas para gerar o código necessário da aplicação de destino. Isto é muito útil quando se trata de informação relacionada entre eles numa estrutura em árvore e a exibição da informação depende de outra. Este trabalho pode ser alargado para apoiar aspectos avançados do conteúdo das páginas Web para produzir uma aplicação Web do início ao fim, ou seja, fornecer a parte de interface do utilizador à vontade e tratamento adequado em resposta aos pedidos. Em perspectiva, este trabalho deve ser alargado para permitir a geração, para além dos ficheiros de configuração, de outros componentes da aplicação Web: modelo, visualização, controlador e seus constituintes. A ênfase deve ser colocada no apoio de outros métodos CRUD, tais como criar, remover e actualizar. "

**Vantagens**

A ferramenta de software construída por esta pesquisa é capaz de compreender UML e diagramas de classes e gerar o produto necessário com base no input. O código que é gerado segue a arquitectura mvc 2 e a abordagem orientada por modelos.

### 2.2.2.  Um Gerador de Aplicações Web baseadas em MVC

Esta investigação [2] baseia-se também na geração de aplicação web baseada em mvc. como extraído do trabalho de investigação,

O gerador apresentado é desenvolvido para a geração de código fonte personalizado. Com base numa experiência prática na concepção de gerador para uma aplicação comercial, apresenta uma possibilidade de desenvolvimento rápido de um gerador personalizado como solução para um problema específico. O gerador conta com o conjunto de ferramentas Hibernate Toolset, responsável pela criação de um meta modelo. Assim, a maior parte do tempo foi gasto na concepção de modelos que implementam tecnologias e estruturas específicas de uma aplicação. As principais características do gerador apresentado são a simplicidade da sua concepção, o pouco tempo gasto no seu desenvolvimento e a total adequação aos requisitos específicos da aplicação. Apesar da sua simplicidade, o gerador permite algumas personalizações e controlos do processo de geração de códigos. É activado principalmente através da funcionalidade do ficheiro hibernate.reveng.xml. Testando o gerador na base de dados The Asset Management System que **contém 400 tabelas, 200 funcionalidades baseadas em 200 tabelas de dicionário** foram totalmente geradas sem necessidade de personalização adicional. A codificação manual destas funcionalidades **exigiria aproximadamente 800 horas**, assumindo que são necessárias 4 horas para codificar e testar uma funcionalidade simples. Uma vez que as aplicações empresariais têm (ou deveriam ter) uma estrutura de código e aparência visual mais ou menos uniforme, o gerador foi capaz de produzir a base para funcionalidades mais complexas, que estavam disponíveis para posterior actualização fácil. Algumas das funcionalidades específicas como a página de login e a lógica do programa de suporte não puderam ser produzidas pelo gerador e tiveram de ser desenvolvidas manualmente.

**Vantagens**

Esta ferramenta de software, que foi o resultado da investigação, também tomava poucos ficheiros xml como entrada e saída de uma aplicação web baseada em java. utiliza a estrutura java hibernate como estrutura de programação.

### 2.2.3. Uma abordagem orientada por modelos para a Prototipagem Rápida de Aplicações Web

Este documento [3] apresentou uma abordagem para a prototipagem rápida de aplicações Web, orientada por modelos, desenvolvida utilizando tecnologias e estruturas Eclipse tais como EMF, GMF e Xpand 2. A abordagem consiste num processo em duas etapas, modelação-geração, e é acompanhada por duas ferramentas de apoio. uma ferramenta de modelação para definir o desenho da aplicação através da adopção do padrão de desenho arquitectónico Model-View-Controller, e uma ferramenta geradora que transforma o modelo de desenho definido num protótipo "pronto a executar" da aplicação. A fase de geração do código é totalmente automatizada e produz um projecto dinâmico Eclipse Faceted Web que utiliza a tecnologia de implementação J2EE JavaServer Faces e está pronto a ser implantado numa plataforma Tomcat-MySQL. Um estudo de caso conduzido na concepção e prototipagem rápida de uma aplicação Web para tomar e partilhar notas em linha mostrou que a abordagem é válida e as ferramentas de apoio funcionam correctamente. Em particular, a abordagem permite repetir sem esforço o ciclo de desenvolvimento "modeling-generatingvalidating" para verificar e melhorar incrementalmente a concepção da aplicação. O processo e as tecnologias adoptadas para implementar a nossa abordagem podem ser reutilizados para desenvolver a abordagem de prototipagem rápida para um modelo de concepção diferente e/ou uma plataforma tecnológica alvo diferente.

**Vantagens**

Esta ferramenta foi construída como um plugin eclipse. permite aos utilizadores desenhar um diagrama de classes e gerar o código fonte para Java. estudos de caso mostram que pode ser utilizada para diferentes cenários.

## 2.2.4. XFlash- uma estrutura de concepção de aplicações web com metodologia orientada por modelos

Esta investigação [4] desenvolveu uma metodologia orientada por modelos para o desenvolvimento de aplicações web. Em termos de desenvolvimento de interfaces de utilizador web, implementaram um gerador para gerar os componentes de interface de utilizador a partir da estrutura XFlash. Ao contrário do desenvolvimento tradicional de interfaces de utilizador da web utilizando diferentes linguagens de computador, implementamos as interfaces de utilizador da web utilizando uma única linguagem de computador - o ActionScript, e organizamos a estrutura das interfaces web utilizando padrões de design. A nossa abordagem contribui para a reutilização dos componentes da interface de utilizador da web em diferentes aplicações. esta abordagem gera componentes flash para implementar os elementos da interface de utilizador da web.

### Vantagens

Na implementação do xFlash o seu objectivo é gerar um projecto ActionScript que é bom para aplicação baseada em Flash. tal como a maioria das pesquisas, também utiliza a entrada de ficheiros xml para gerar uma aplicação flash orientada para modelos.

## 2.2.5. Alavancar as línguas declarativas no desenvolvimento de aplicações web

Esta pesquisa [5] baseia-se na programação de linguagem unificada. a camada de apresentação é expandida para cobrir as três camadas de uma aplicação Web. Isto permite aos programadores de utilizadores finais não só tirar partido das suas competências existentes no desenvolvimento de interfaces de utilizador, mas também implementar Aplicações Web inteiras utilizando uma única linguagem declarativa e modelo de dados. Esta pesquisa utiliza a estrutura DB XForms, todo o desenvolvimento de aplicações é feito do lado do cliente. Isto ajuda especialmente os webdesigners - normalmente criadores de utilizadores finais de nível médio - a tornarem-se criadores avançados de aplicações Web. A estrutura é baseada na linguagem de marcação XForms e na proposta de extensão XForms DB server-side language. Implementaram a estrutura XForms com base nos requisitos derivados, e argumentaram que poderia simplificar tanto o desenvolvimento como a manutenção de aplicações Web de pequena e média dimensão.

**Vantagens**

De acordo com as pesquisas, esta abordagem melhorou o tempo de comercialização, bem como o desempenho da aplicação. esta ferramenta também requer uma entrada XML e produz uma aplicação baseada em Java

## 2.2.6. Um Ambiente de Desenvolvimento Eficaz Configuração de Software de Sistema e Aplicação

Esta é uma pesquisa [6] realizada sobre como deve ser um ambiente de desenvolvimento antes de iniciar um projecto. o gerador de código que utilizamos deve gerar o código com um trabalho de base considerável que torne a vida dos programadores mais fácil. de acordo com os investigadores,

O Modelo de Ambiente de Desenvolvimento de Software proposto no papel pode melhorar significativamente a eficácia e produtividade, e reduzir os custos globais, bem como melhorar a qualidade do produto final. A secção "Um Exemplo de Modelo de Ambiente de Desenvolvimento de Software Eficaz" oferece uma combinação de ferramentas padrão que não requerem muito tempo para a instalação e administração, e que se adaptam naturalmente às tarefas de desenvolvimento. Uma vez instaladas e configuradas, estas ferramentas podem funcionar durante muito tempo sem necessitarem de ser alteradas.

Também sugere procedimentos de construção e teste automático, alerta precoce de defeitos por construção e execução contínua de testes e integração contínua automatizada. é preferível que um gerador de código siga estas directrizes ao gerar o código.

## 2.2.7. Outras obras

Para além das principais pesquisas que discutimos acima, vamos olhar um pouco mais para as ferramentas dos tempos modernos que estão a ser utilizadas no mercado.

### 2.2.7.1.    Mercearia CRUD

Mercearia CRUD [7] é uma biblioteca de código aberto para a criação de CRUD sem qualquer esforço de codificação. Usando um CRUD de mercearia, é possível criar um sistema CRUD de sucesso total dentro de momentos. Quando este construtor de código é utilizado, não é necessário reescrever o código repetidamente. Também fornece uma plataforma para utilizar recursos comuns como css e js. Com algumas linhas de código, o CRUD está pronto a ser utilizado.

### 2.2.7.2.    Angular-fullstack

O gerador AngularJS Full-Stack [8] é um gerador yeoman para criar aplicações MEAN/SEAN stack, usando ES6, MongoDB/SQL, Express, AngularJS, e Node. Pode rapidamente criar um projecto seguindo as melhores práticas. Com o Angular-fullstack é possível criar novos pontos finais para os componentes do lado do servidor ou do lado do cliente (como rotas, controladores, serviços, filtros, directivas, etc.). É fácil de instalar, cria andaimes cliente e servidor, introduz boas práticas no código gerado, API do lado servidor preparada para utilizar autenticação, suporta templates HTML ou jade no lado cliente, suporte para diferentes pré-processadores CSS e comandos para scaffoldar qualquer coisa.

### 2.2.7.3.    Webratio

Webratio [9] é um sistema de Gestão de Relacionamento baseado na Nuvem que permite ao utilizador configurar, gerir e fornecer serviços comerciais baseados na Internet das Coisas (IoT) aos clientes, parceiros e partes interessadas. Para se destacar na era do Negócio Digital, necessita de aplicações móveis e aplicações web únicas e inovadoras. Tem de ser desenvolvido rapidamente, muitas vezes começando com requisitos pouco claros e em mudança. Fornece ambientes de desenvolvimento simples e intuitivos que suportam o ciclo de vida ao longo de todo o ciclo de vida das aplicações. Isto está empenhado em fornecer as melhores tecnologias móveis e de desenvolvimento Web para permitir aos utilizadores tirar o máximo partido de todas as oportunidades da era do Negócio Digital.

## 2.3. A Lacuna na Investigação

Para identificar a lacuna de investigação, avaliámos as pesquisas acima mencionadas e os seus códigos-fonte gerados segundo os seguintes critérios. estes critérios foram seleccionados com base nos artigos de investigação, bem como nos requisitos recebidos dos inquéritos realizados com peritos da indústria.

| | |
|---|---|
| 1. Code generation support | 9. Server-side REST api support |
| 2. Customized flow generation | 10. Separated front end application |
| 3. Model-Driven architecture | 11. Modular source code structure |
| 4. Customized data model generation | 12. Industry accepted framework usage |
| 5. MVC design pattern | 13. Multiple language support |
| 6. Relationship mapping and ORM support | 14. Customized user input validation support |
| 7. Real-time code generation | 15. Interactive application designer |
| 8. JSON support* | 16. Cloud based service support |

*Quadro 2-1 Lista de critérios de avaliação das ferramentas de prototipagem existentes*

*JSON é recomendado para simplificar a definição dos requisitos. a justificação desta tecnologia é discutida no 5º capítulo que é o Desenho do sistema.

| Research | 1 | 2 | 3 | 4 | 5 | 6 | 7 | 8 | 9 | 10 | 11 | 12 | 13 | 14 | 15 | 16 |
|---|---|---|---|---|---|---|---|---|---|---|---|---|---|---|---|---|
| Toward automatic generation of mvc 2 web applications | ✓ | x | ✓ | ✓ | ✓ | ✓ | x | x | x | ✓ | x | x | x | x | x | x |
| A Generator of MVC-based Web Applications | ✓ | x | ✓ | ✓ | ✓ | x | x | x | x | x | x | x | x | x | x | x |

| | 1 | 2 | 3 | 4 | 5 | 6 | 7 | 8 | 9 | 10 | 11 | 12 | 13 | 14 | 15 | 16 |
|---|---|---|---|---|---|---|---|---|---|---|---|---|---|---|---|---|
| A Model-Driven Approach for the Fast Prototyping of Web Applications | ✓ | x | ✓ | ✓ | ✓ | ✓ | x | x | x | x | x | x | x | x | x | x |
| XFlash–a web application design framework with model-driven methodology | ✓ | x | ✓ | x | x | x | x | x | x | x | x | x | x | x | x | x |
| Leveraging declarative languages in web application development | ✓ | x | ✓ | ✓ | ✓ | ✓ | x | x | ✓ | ✓ | P | x | x | x | x | x |
| Grocery CRUD | ✓ | x | x | x | x | x | x | x | x | x | x | x | x | x | x | x |
| Angular Fullstack | ✓ | x | x | x | ✓ | ✓ | x | x | ✓ | ✓ | ✓ | x | x | x | x | x |
| Webratio | ✓ | ✓ | x | ✓ | x | x | x | x | x | x | x | x | x | x | ✓ | x |

*Quadro 2-2 Avaliação feita para as ferramentas de prototipagem existentes*

*P indica que a característica está planeada

## 2.4. Summery

Neste capítulo, o trabalho anterior dos investigadores foi avaliado criticamente através da leitura dos seus trabalhos e artigos de investigação. As vantagens de cada um dos modelos que foram identificados foram abordadas em conformidade e com base nesses dezasseis critérios foram tidos em conta para identificar a lacuna de investigação. Com base na lacuna de investigação, foi efectuada uma análise aprofundada sobre quais os critérios que foram apoiados pelos critérios previamente identificados, com base na revisão da literatura por investigadores anteriores. No próximo capítulo, discutiremos a tecnologia que foi adoptada na solução proposta, concentrando-nos principalmente nos resultados a obter.

# Capítulo 3

## 3. Base tecnológica da solução

### 3.1. Introdução

No capítulo anterior foi realizada uma extensa discussão e revisão do trabalho do investigador. E identificámos a lacuna de investigação que precisa de ser preenchida. Este capítulo é um debate sobre as tecnologias que serão utilizadas na solução proposta.

### 3.2. Tecnologias utilizadas para a solução

Foram utilizadas várias tecnologias para aumentar o desempenho e para facilitar o desenvolvimento.

### 3.2.1. JavaScript do lado do servidor alimentado por NodeJs

Node.js [10] é uma plataforma construída em tempo de execução JavaScript do Chrome para construir facilmente aplicações de rede rápidas e escaláveis. O Node.js utiliza um modelo we/O, não bloqueador e orientado por eventos, que o torna leve e eficiente, perfeito para aplicações de dados intensivas em tempo real que funcionam através de dispositivos distribuídos.

### 3.2.2. Estrutura dos ExpressJs

Express.js [11] é uma estrutura Node.js. Node.js é uma plataforma que permite a utilização de JavaScript fora dos navegadores Web, para a criação de aplicações web e de rede. Isto significa que pode criar o código do servidor e do lado do servidor para uma aplicação como a maioria das outras linguagens da Web, mas utilizando JavaScript.

### 3.2.3. JSON

JSON [12], ou JavaScript Object Notation, é um formato mínimo e legível para estruturar dados. É utilizado principalmente para transmitir dados entre um servidor e uma aplicação web, como alternativa ao XML.

### 3.2.4. JavaScript do lado do cliente alimentado por AngularJs

AngularJS [13] é um quadro estrutural para aplicações web dinâmicas. Permite ao programador utilizar o HTML como linguagem de modelo e permite ao programador alargar a sintaxe do HTML para expressar os componentes da sua aplicação de forma clara e sucinta. A ligação de dados e a injecção de dependência do AngularJS eliminam grande parte do código que de outra forma teria de escrever.

### 3.2.5. Suporte de vários SGBD

Sequelize [14] é um ORM baseado em promessa para Node.js e io.js. Suporta os dialectos PostgreSQL, MySQL, MariaDB, SQLite e MSSQL e apresenta um sólido suporte transaccional, relações, replicação de leitura e muito mais.

### 3.2.6. Mocha e Chai

Mocha [15] é uma estrutura de teste JavaScript, e Chai é uma biblioteca de asserções BDD / TDD. Tanto Mocha como Chai [16] podem correr em ambientes de Nodo ou no navegador. No desenvolvimento orientado por testes, o que significa que escreve os seus testes antes do seu código, é um grande objectivo a alcançar, mas exige disciplina e planeamento quando se está a programar. Para tornar todo este processo muito mais fácil, precisa de estruturas de teste e afirmação fáceis de usar e poderosas, que é exactamente o que Mocha e Chai são.

### 3.2.7. Bitbucket

Bitbucket [17] é um serviço de alojamento baseado na web para código fonte e projectos de desenvolvimento que utilizam os sistemas de controlo de revisão Mercurial (desde o lançamento) ou Git (desde Outubro de 2011) que é propriedade da Atlassian. O Bitbucket oferece tanto planos comerciais como contas gratuitas.

### 3.3. Ferramentas de desenvolvimento

Ao implementar o conjunto de ferramentas de desenvolvimento da solução real foram utilizadas para acelerar a implementação da solução.

#### 3.3.1. Código Visual

Visual Studio Code [18] é um editor de código fonte desenvolvido pela Microsoft para Windows, Linux e macOS. Inclui suporte para depuração, controlo de Git incorporado, realce de sintaxe, completamento inteligente de código, snippets, e refactoring de código.

#### 3.3.2. PhpMyAdmin

phpMyAdmin [19] é uma ferramenta livre e de código aberto escrita em PHP destinada a lidar com a administração do MySQL ou MariaDB com a utilização de um navegador web. Pode executar várias tarefas como a criação, modificação ou eliminação de bases de dados, tabelas, campos ou linhas; executar instruções SQL; ou gerir utilizadores e permissões.

#### 3.3.3. Ampps

AMPPS [20] é uma pilha de soluções de Apache, MySQL, MongoDB, PHP, Perl e Python para Windows NT, Linux e macOS. Vem com mais de 300 aplicações web PHP, mais de 1000 classes PHP e várias versões de PHP. A AMPPS é criada pela Softaculous Ltd. uma empresa fundada em 2009 que faz o instalador Softaculous Auto.

#### 3.3.4. mobaXterm

MobaXterm [21] é a sua derradeira caixa de ferramentas para computação remota. Numa única aplicação Windows, ele fornece muitas funções que são adaptadas para programadores, webmasters, administradores de TI e praticamente todos os utilizadores que precisam de lidar com os seus trabalhos remotos de uma forma mais simples.

## 3.4. Tecnologias de acolhimento e de implantação

Uma vez que a solução proposta segue uma arquitectura orientada para o serviço, foram utilizadas tecnologias muito sofisticadas de alojamento e implementação.

### 3.4.1. AWS EC2

Amazon Elastic Compute Cloud (Amazon EC2) [22] é um serviço web que fornece uma capacidade computacional segura e redimensionável na nuvem. Foi concebido para tornar a computação em nuvem à escala da web mais fácil para os desenvolvedores. A interface simples do serviço web do Amazon EC2 permite ao programador obter e configurar a capacidade com o mínimo de atrito.

### 3.4.2. Pé de Feijão

Beanstalk [23] é o fluxo de trabalho completo de alojamento de código que as equipas ou indivíduos utilizam para escrever, rever e distribuir o seu código. O Beanstalk reduz a complexidade de gestão sem restringir a escolha ou o controlo. Pode simplesmente carregar a sua aplicação, e o Beanstalk trata automaticamente dos detalhes de aprovisionamento de capacidade, equilíbrio de carga, escalonamento, e monitorização da saúde da aplicação.

### 3.5. Summery

Este capítulo apresenta as tecnologias e as ferramentas que foram utilizadas para a solução proposta e a justificação destas tecnologias será discutida na parte final deste livro. O próximo capítulo será sobre a abordagem da solução proposta.

# Capítulo 4

# 4. Uma nova abordagem à prototipagem rápida

## 4.1. Introdução

O capítulo anterior foi informado sobre as tecnologias que foram utilizadas na solução proposta e este capítulo irá discutir a abordagem de uma ferramenta de prototipagem rápida.

## 4.2. Reunião de requisitos

Antes da iniciação deste livro, uma quantidade considerável de tempo foi gasta através da leitura de artigos de investigação anteriores e de artigos feitos por outros investigadores. Os artigos que consistiam de grande valor foram tidos em conta são incluídos nas referências. Em segundo lugar, com base nas experiências pessoais do trabalho na indústria durante os últimos 8 anos, enfrentámos pessoalmente problemas no desenvolvimento de aplicações web e aplicações móveis que foram considerados ao desenvolver a solução explicada neste livro. Em terceiro lugar, foram recolhidas ideias dos meus colegas de trabalho, gestores de projecto, chefes de equipa e peritos da indústria que estão envolvidos em actividades de trabalho semelhantes não só no Sri Lanka, mas também em Singapura e na Austrália.

### 4.2.1. Questões enfrentadas pelas equipas do projecto que trabalham no sector

Quando se trata de questões enfrentadas pelas equipas que trabalham na indústria, podemos categorizá-lo em quatro secções principais no que diz respeito ao ciclo de vida do desenvolvimento de software. Durante a fase de planificação, gastaram mais tempo a recolher os requisitos correctos do cliente e várias entrevistas e reuniões de clientes têm de ser realizadas para se obter uma imagem clara dos requisitos do cliente. Uma ferramenta de protótipo que pode gerar um protótipo baseado na exigência do utilizador em tempo real pode ser útil neste cenário. Porque com um protótipo funcional durante uma reunião em curso pode esclarecer mais facilmente a exigência do cliente logo na primeira reunião em si. Isto reduzirá o número de reuniões que precisam de ser conduzidas com o cliente.

Quando se trata da fase de concepção, os designers de sistemas e arquitecturas fazem múltiplas concepções de bases de dados, desenhos de interface e de arquitectura para a implementação do melhor produto possível. Neste caso, apresentam vários números de desenhos, bem como vários números de rondas de afinação fina que consomem mais tempo. Como contributo da fase de planeamento, um protótipo de trabalho tornaria a fase de concepção fácil e rápida, resultando assim num número de alterações de concepção a reduzir.

Durante a fase de implementação, tal como discutido nos capítulos acima referidos, os programadores gastam mais tempo em tarefas repetitivas, tais como operações de CRUD, a criação do projecto baseado, bem como a redacção de casos de teste. Com uma ferramenta de prototipagem capaz de gerar as operações CRUD personalizadas e escrever automaticamente casos de teste, reduzirá em grande medida o tempo necessário para a realização das tarefas acima referidas. Outro problema enfrentado pelos programadores é manter a base de código que se torna mais complexa quando o programa está a evoluir. Um bom quadro de programação, bem como um bom padrão de concepção, deve ser seguido para se obter um código passível de manutenção. A solução de software que estamos a implementar é capaz de gerar um código como esse.

### 4.2.2. Lacunas identificadas que não foram abordadas por outras investigações

Uma extensa discussão sobre lacunas identificadas por outros investigadores no mesmo domínio foi conduzida e discutida no capítulo de revisão da literatura.

### 4.2.3. Limitações com as ferramentas de desenvolvimento actuais

Discutimos os actuais instrumentos de desenvolvimento também no capítulo de revisão de literatura e o objectivo desta investigação é abordar todas estas grandes questões por nós enfrentadas e identificadas.

### 4.3. Hipótese

A hipotese foi construída com base nos requisitos reunidos como mencionado acima. Esta investigação está centrada em colmatar a lacuna entre as questões existentes que os criadores enfrentam ao desenvolver aplicações web e as actuais tecnologias disponíveis, que foram mais elaboradas na revisão bibliográfica. A nossa hipótese é que o gerador de código orientado para serviços para prototipagem rápida utilizando definições de requisitos baseadas em esquemas.

### 4.3.1. Prototipagem rápida

De acordo com os requisitos reunidos, o nosso principal objectivo é reduzir o tempo necessário para as tarefas de desenvolvimento. A Prototipagem Geral só é eficaz durante a fase de implementação. Com a ideia da prototipagem rápida, propomos hipoteticamente uma ferramenta de prototipagem que pode ser utilizada independentemente da fase do ciclo de vida do desenvolvimento de software. Como exemplo, esta ferramenta pode ser utilizada numa reunião de clientes para gerar um protótipo em tempo real. Para as pessoas que não estão familiarizadas com as tecnologias de programação, pode utilizar a versão baseada na nuvem do sistema proposto como um serviço para gerar o código.

### 4.3.2. Geradores de código

O sistema proposto deve ser capaz de gerar um código com base numa exigência do utilizador. Deve seguir um bom padrão de concepção como MVC e gerar um código fonte que siga as normas aceites pela indústria. Ao mesmo tempo, deve também gerar um código fonte utilizando uma estrutura de software mais poderosa e de manutenção. Para além destas características, deve também seguir uma arquitectura altamente orientada para modelos, o que facilita o mapeamento de relações entre objectos de dados.

### 4.3.3. Serviços de Prototipagem

Os serviços de prototipagem fornecem geralmente uma forma de conceber a IU e algum tipo de diagramas de desenho. Na nossa hipótese, propusemos uma ferramenta de prototipagem como um serviço que aceitará os requisitos do utilizador definidos num ficheiro e permitirá aos utilizadores descarregar o código fonte gerado de um protótipo. Qualquer dos trabalhos de investigação que foram avaliados não ofereciam tal funcionalidade.

### 4.3.4. Definições de requisitos baseadas em esquemas

Muitas das pesquisas realizadas propuseram um mecanismo de definição de requisitos capaz de descrever os requisitos do utilizador. A maioria foi sugerida que a definição do conteúdo de um diagrama UML para um ficheiro de definição de requisitos, bem como alguns investigadores sugeriram a definição do conteúdo de um diagrama de classes para um ficheiro de definição de requisitos. Todos eles utilizavam, na sua maioria, XML como linguagem de definição. A desvantagem desta abordagem é que os membros da equipa têm de conceber primeiro o UML ou o diagrama de classes antes de construírem o ficheiro de definição de requisitos. Uma vez que o nosso principal objectivo nesta pesquisa é reduzir o tempo necessário para a realização de diferentes tarefas, a nossa hipótese é de um ficheiro de esquema de definição de requisitos que se concentre puramente nos requisitos do utilizador e não no aspecto que a arquitectura do sistema teria. Isto reduz a complexidade do ficheiro de definição de requisitos, bem como facilita a construção de protótipos por um utilizador principiante.

### 4.4. Utilizadores do sistema

O público-alvo desta ferramenta protótipo pode variar desde analistas de negócios a testadores de software.

- Analistas de negócios - poderão reunir as necessidades com maior precisão, uma vez que têm um produto no local quando a reunião com o cliente está a decorrer.
- Gestores de projecto - pouparão o seu tempo a estimar o esforço, equipa, custo e tempo.
- Desenvolvedores - podem utilizar imediatamente o protótipo gerado a partir da reunião com o cliente para o desenvolvimento

- Clientes (Utilizadores finais) - estão satisfeitos porque sabem que a equipa de desenvolvimento tem a exigência clara do sistema como o que querem
- Proprietários da empresa - Ao poupar tempo de desenvolvimento, os proprietários da empresa obterão lucros do que antes.

### 4.5. Entradas para o sistema

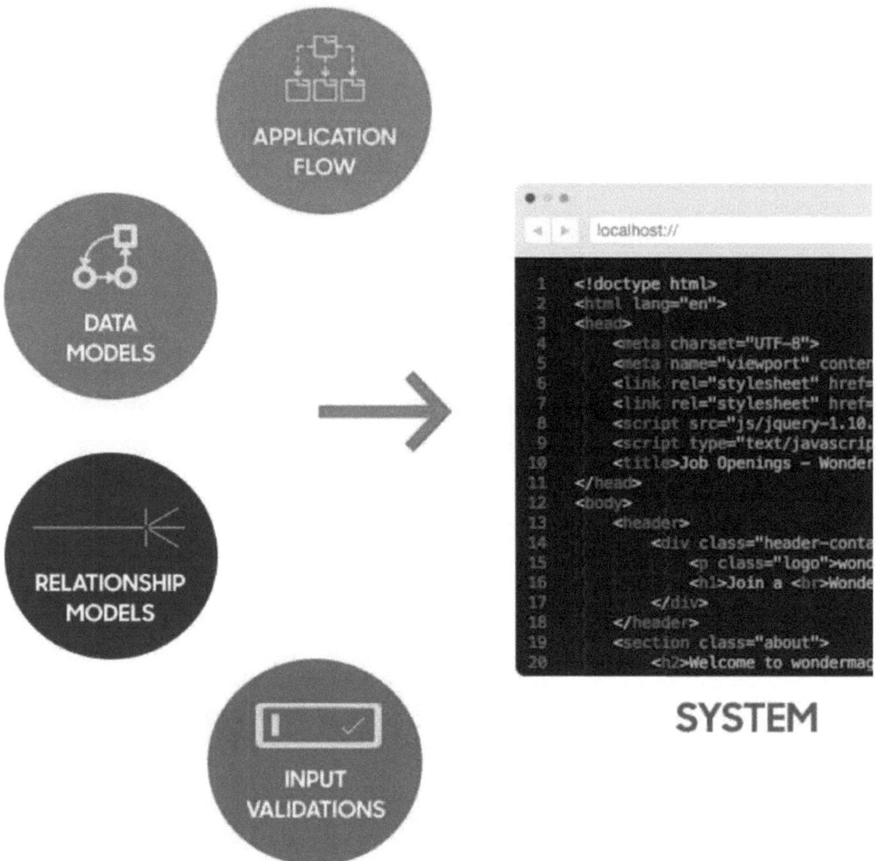


*Figura 4-1Ingressos para o sistema proposto*

Como discutimos antes da maioria das pesquisas sugerimos que uma definição personalizada de requisitos é útil para gerar o código mais ideal e personalizado para um determinado requisito. tendo isso em mente e com base nos contributos dos peritos da indústria, bem como com base em experiências pessoais, foi construído um modelo de definição de esquemas. o objectivo de implementar o nosso próprio esquema de definição personalizado de requisitos foi simplificar o processo de definição de requisitos ao contrário de aceitar diagramas de classes ou diagramas UML. tornar a definição de requisitos mais complexa significa que é muito mais difícil de usar por um utilizador novato. o objectivo principal desta pesquisa é reduzir o tempo gasto em cada tarefa de desenvolvimento.

Ao recolher dados de outros, notámos que é necessário cumprir um conjunto de áreas de requisitos para gerar um protótipo completo com o máximo de requisitos possíveis cobertos. de acordo com o diagrama apresentado acima, a definição de requisitos deve abranger o fluxo da aplicação, modelos de dados, relações entre modelos de dados, bem como as validações de entrada do utilizador. Este modelo leva-nos a dois esquemas de definição principais. nomeadamente o esquema de definição de fluxo e o esquema de definição de modelo de dados.

### 4.5.1. Esquema de Definição de Fluxo

Uma característica principal identificada a partir da revisão bibliográfica que precisava de ser implementada foi a introdução de um mecanismo de definição de fluxo do sistema personalizado. neste cenário, tivemos de investigar também trabalhos anteriores. sem inventar a nossa própria coisa, pensámos em obter a ideia base a partir do router angular UI [24] que é um projecto de código aberto. ele foi modificado de acordo com a nossa necessidade ultimamente.

### 4.5.2. Esquema de definição do modelo de dados

Outro requisito era obter o requisito do utilizador para modelos de dados em que, utilizando a base de dados da aplicação, podemos gerar a base de dados da aplicação. além de obter apenas dados de modelos de dados, descobrimos que o esquema de definição de modelos de dados pode ser utilizado para definir validações personalizadas de entrada do utilizador, bem como as relações entre cada modelo de dados.

### 4.6. Saídas do sistema

A saída deste gerador de protótipos é uma aplicação do lado do cliente utilizando tecnologia de aplicação web de página única e um backend REST API [25] que fornece dados à aplicação do lado do cliente para funcionar. a base de dados é construída automaticamente quando o REST API começa a funcionar como serviço no lado do servidor, uma vez que tem todos os dados da definição do modelo de dados para construir a base de dados completa. a separação entre a aplicação do lado do cliente e do lado do servidor permite-nos também suportar tecnologias de aplicação móvel.

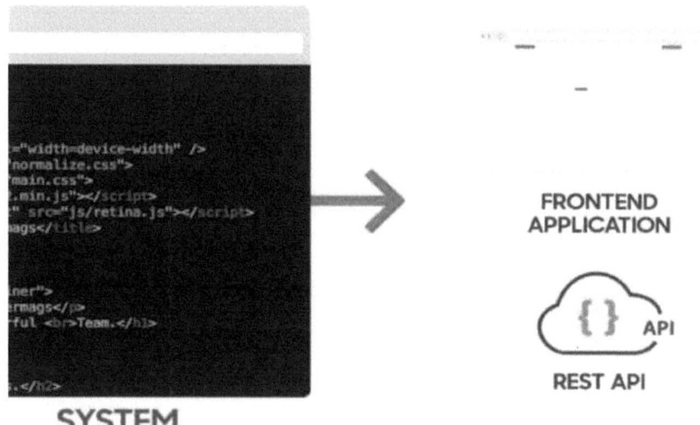


*Figura 4-2 Resultados do sistema proposto*

## 4.7. Características

Quando se trata de características do protótipo de gerador proposto, podemos discutir as características do mesmo em duas categorias principais,

### Características específicas do utilizador

Os novos utilizadores também podem utilizar o esquema JSON normalizado para construir uma aplicação protótipo. a definição simplificada dos requisitos torna-a muito mais produtiva do que os sistemas convencionais utilizados na indústria. Uma vez que todo o trabalho de base já é feito de antemão, o tempo de arranque do projecto é consideravelmente reduzido. O código fonte que é gerado utilizando o sistema proposto cumpre todos os padrões da indústria. E mínimo de erros, uma vez que o código que gera já está testado.

### Características específicas do sistema

Esta ferramenta de prototipagem planeada para apoiar a geração de código em múltiplas linguagens como PHP, NodeJs, C#, JSP e ASP.net. Uma vez que a aplicação gerada utiliza tecnologias web populares, também suporta múltiplas plataformas tais como Linux, Windows, Mac.

**Apoio a múltiplos sistemas de SGBD**

A proposta gerada utiliza um sistema ORM popular e inteligente da indústria que lhe permite suportar múltiplas bases de dados como SQL, MySQL, Postgres e bases de dados NoSQL como o MongoDB.

Além disso, características como Autenticação e Autorização segura, Integração de Meios Sociais está a poucas personalizações de distância.

## 4.8. Summery

Este capítulo explicou a abordagem que nos permitiu encontrar uma solução que é capaz de preencher a lacuna da investigação. Isto permitiu-nos chegar a uma hipótese de que, utilizando dois esquemas diferentes de definição de requisitos do cliente, podemos gerar o código fonte para uma aplicação protótipo com todas as características. E discutimos as etapas/abordagens relevantes, bem como os componentes necessários para a solução. No próximo capítulo será discutida em pormenor a concepção do sistema.

# Capítulo 5

# 5. Análise e desenho da nova solução de prototipagem

## 5.1. Introdução

O capítulo anterior deu uma imagem completa da abordagem de uma nova ferramenta de prototipagem. Este capítulo descreve a concepção da solução para o processo apresentado na abordagem. Concebemos a solução que irá gerar uma aplicação protótipo onde funcionará como um sistema cliente-servidor com uma base de dados backend. Aqui descrevemos a arquitectura de nível superior do desenho, elaborando sobre o papel de cada componente da arquitectura. Discutiremos sobre a concepção do sistema, concepção da plataforma, concepção da infra-estrutura do sistema ao longo deste capítulo de concepção.

## 5.2. Planeamento da investigação

O planeamento e a calendarização do projecto são apresentados na tabela abaixo. A maior parte do tempo foi gasto no levantamento bibliográfico e nas fases de implementação

| Task | Q2 | | | Q3 | | | Q4 | | | Q1 | | |
|---|---|---|---|---|---|---|---|---|---|---|---|---|
| | Apr | May | Jun | Jul | Aug | Sep | Oct | Nov | Dec | Jan | Feb | Mar |
| Literature Review | ▓ | ▓ | ▓ | ▓ | | | | | | | | |
| Identify the problem | | | ▓ | ▓ | ▓ | | | | | | | |
| System Design | | | | | | ▓ | ▓ | ▓ | | | | |
| Implementation | | | | | | | ▓ | ▓ | ▓ | ▓ | ▓ | |
| Testing | | | | | | | | | | ▓ | ▓ | ▓ |
| Deployment | | | | | | | | | | | | ▓ |

*Figura 5-1 Plano de execução para o sistema proposto*

## 5.2.1. Metodologia de desenvolvimento

A metodologia evolutiva de prototipagem foi utilizada para a implementação do sistema, devido à componente de investigação envolvida no projecto. Foi necessário um número de rondas de ajuste fino para se obter o melhor protótipo possível.

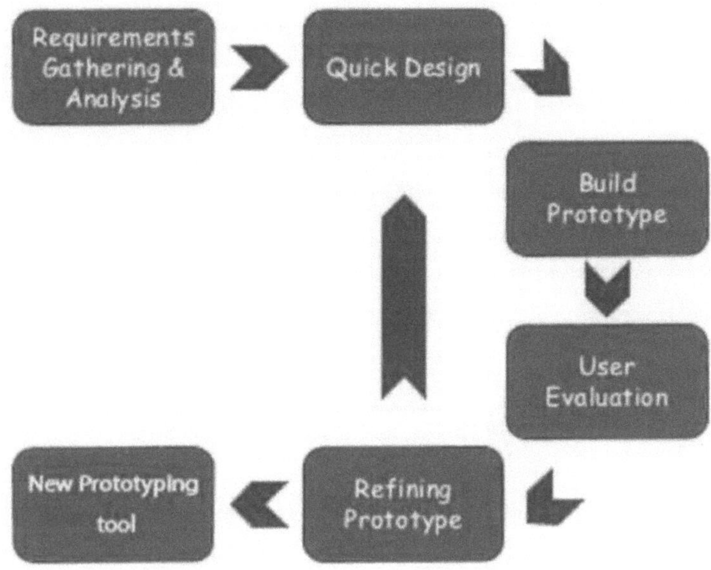


*Figura 5-2Metodologia revolucionária de prototipagem utilizada para o sistema proposto*

## 5.2.2. Selecção do modelo do processo de software

Antes de seleccionar o modelo de processo para esta investigação, foi gasto um tempo considerável na revisão da literatura. Com isso percebemos que as sugestões dadas por trabalhos anteriores não eram as mesmas na maior parte do tempo. Por causa disso, tivemos de testar a maioria das sugestões e trabalhar no melhor método possível.

## 5.3. Análise do actual fluxo de trabalho de desenvolvimento

Tal como discutido no capítulo sobre a abordagem, antes da iniciação desta investigação, foi dedicado um bom tempo ao exame dos trabalhos de investigação anteriores. Com base nas experiências pessoais de trabalho na indústria durante os últimos 8 anos, enfrentámos pessoalmente problemas no desenvolvimento de aplicações web e aplicações móveis que foram considerados ao desenvolver a solução explicada neste livro. Foram recolhidas ideias e sugestões dos meus colegas de trabalho, gestores de projecto, chefes de equipa e peritos da indústria que estão envolvidos em actividades de trabalho semelhantes.

## 5.4. Análise dos requisitos

A utilização da aplicação pode ser descrita em poucos passos simples.

- O utilizador define o fluxo e os modelos de dados utilizando um esquema de definição de requisitos. Depois o utilizador carrega o ficheiro para o sistema (serviço baseado na nuvem) ou o utilizador pode especificar os ficheiros do esquema (para a versão em tempo real)
- O sistema processa os ficheiros de entrada e os seus requisitos.
- O sistema permite ao utilizador carregar para baixo o código fonte gerado de um protótipo.

### 5.4.1. Requisitos funcionais da solução

O principal objectivo desta investigação é implementar uma ferramenta de geração de código para prototipagem rápida, que deve permitir aos utilizadores gerar um fluxo de aplicação personalizado. Seguir a arquitectura orientada por modelos é uma obrigação, uma vez que permite o mapeamento de relações e a utilização de ORM. Isto permite que o sistema o torne suportável para a geração de modelos de dados personalizados. O código gerado tem de estar no padrão de desenho MVC. Seguir a arquitectura MVC facilita a geração de uma aplicação de forma modularizada. A aplicação gerada deve utilizar estruturas aceites pela indústria e amplamente utilizadas. O backend também deve ser constituído por uma API REST.

### 5.4.2. Requisitos não-funcionais da solução

A geração de códigos em tempo real é uma vantagem, uma vez que o objectivo do projecto é reduzir o tempo gasto na codificação. O software gerado deve ser optimizado para o desempenho, bem como deve estar na qualidade do grau de produção. Neste caso, o código que pode ser mantido é obrigatório, uma vez que o protótipo que é gerado pode ser utilizado como o código base para um projecto.

## 5.5. Arquitectura de design de alto nível

Como mostra a figura abaixo, a arquitectura de design de alto nível do sistema é constituída por 4 módulos principais. Que é o módulo gestor de ficheiros, o módulo de processamento de esquemas, o módulo condutor de linguagem e o projecto de sementes que contém todos os ficheiros de sementes necessários para a geração do protótipo.

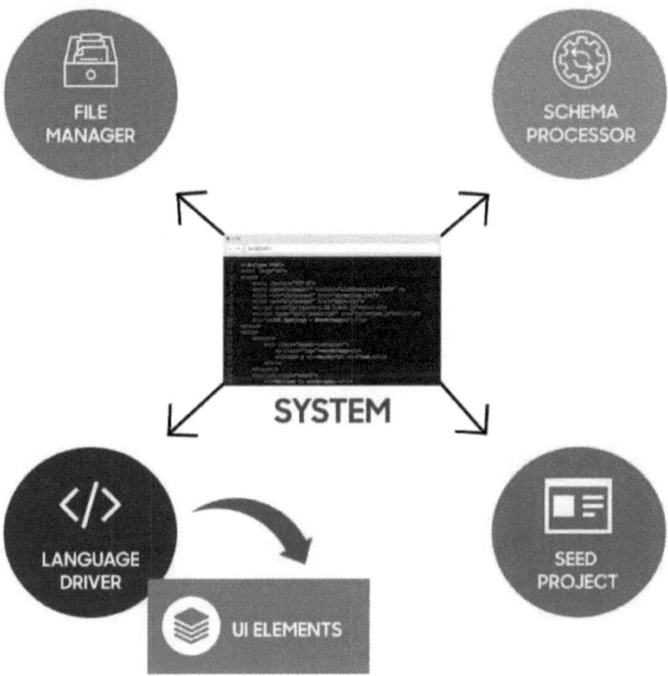


*Figura 5-3 Arquitectura de design de alto nível do sistema proposto*

## 5.6. Arquitectura do módulo

Ao discutirmos o protótipo de gerador proposto, que consiste em 4 módulos principais. Iremos desenvolver ainda mais cada um destes módulos

**Gestor de ficheiros**

*Figura 5-4Módulos contidos no gestor de ficheiros*

O gestor de ficheiros é composto por 2 funcionalidades principais. O sistema utiliza o módulo gestor de ficheiros para observar as alterações de ficheiros e reiniciar automaticamente o processo de construção de protótipos. Esta capacidade do gestor de ficheiros permite-nos introduzir a geração de protótipos em tempo real. A principal funcionalidade do gestor de ficheiros é a manipulação de ficheiros. Nomeadamente criar novos ficheiros, escrever o código gerado para ficheiros, remover ficheiros temporários, manter a estrutura de pastas, manter o fluxo de distribuição e muitas outras coisas para o processamento de ficheiros.

**Processador de esquemas**

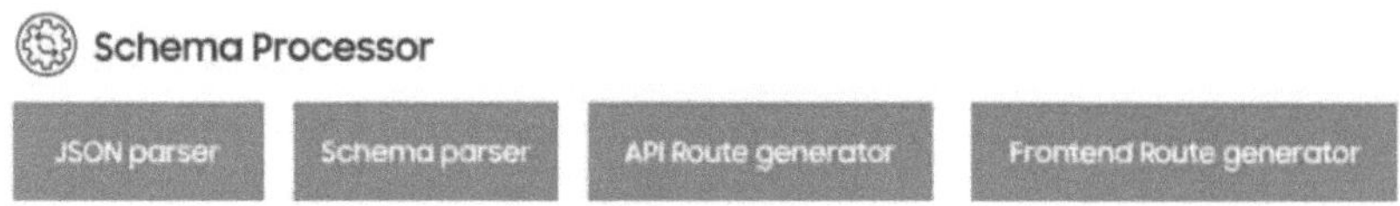


*Figura 5-5Módulos contidos no processador do esquema*

O processador do esquema é o coração do sistema proposto. Este consiste em 4 funcionalidades principais. Analisador JSON, analisador de esquemas, gerador de rotas API e gerador de rotas Frontend. O analisador JSON é responsável por obter o conteúdo do ficheiro do gestor de ficheiros como entrada e processar o conteúdo JSON dentro do ficheiro. Isto envolve a conversão de requisitos definidos pelo utilizador para dados de fluxo específicos, bem como o processamento de dados que podem ser utilizados para implementar a base de dados em cima de uma ORM. Os dados processados são então passados para diferentes secções do sistema, que depois decide sobre URLs REST API, bem como a navegação no browser do lado do cliente (gerador de rotas front-end).

**Condutor de línguas**

*Figura 5-6Módulos contidos no condutor da língua*

Uma vez processado o esquema que o utilizador forneceu, este é então transferido para o respectivo condutor linguístico. O sistema proposto é capaz de suportar várias línguas. A aplicação do lado do cliente é alimentada por angularJs. inicialmente o backend REST API é gerado utilizando o NodeJS utilizando a estrutura expressJs. Cada um destes idiomas tem um driver de idioma diferente. Quando se trata das características deste controlador de língua, cada um destes controladores contém um projecto de semente. Este projecto de sementes foi extraído dos códigos fonte do produto bem definidos e estáveis. Isto torna-o à prova de bala quando se trata de manter a estabilidade, bem como a qualidade da produção gerada. O motor de linguagem modifica o projecto de sementes de acordo com as entradas do processador do esquema. Também constrói os módulos específicos dos requisitos e coloca no interior do projecto de sementes. O processo é válido tanto para as aplicações do lado do cliente como do lado do servidor. A unidade de linguagem é também responsável pela geração dos elementos de IU personalizados com o suporte de validação de entradas do utilizador.

**Projecto Semente**

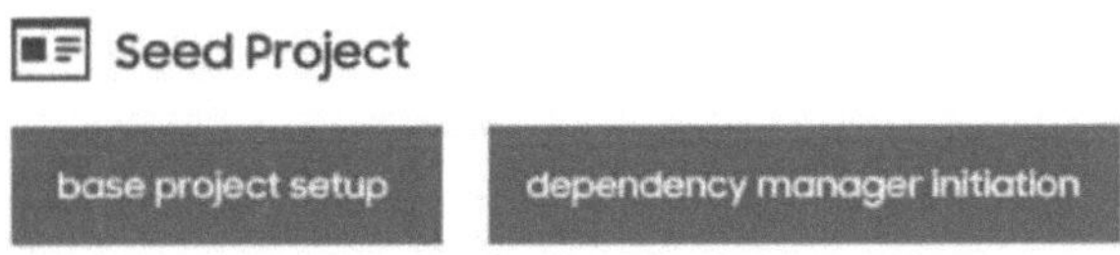


*Figura 5-7Módulos contidos no projecto de sementes*

Como discutido acima, o projecto de sementes é retirado de um dos códigos de fontes de produtos mais estáveis que existe no mercado. Estes projectos de sementes são altamente motivadores de modelos, seguindo o padrão de design MVC. Isto torna o protótipo gerado uma aplicação orientada para o modelo MVC. O sistema também divide os requisitos do utilizador em módulos. E torna mais fácil a manutenção e compreensão do código. Isto também fornece o suporte para a arquitectura modular de base de código. O projecto Seed é também alimentado por

## 5.7. Definição de requisitos com base no esquema

Como discutimos antes da nossa solução necessária para encontrar uma definição de requisitos do utilizador, isto levou-nos a pesquisar sobre um melhor mecanismo de definição de requisitos. A maioria dos investigadores que foram conduzidos estava a utilizar XML como linguagem de definição de requisitos. isto torna muito mais complicado para um utilizador novato compreender e aprender, devido a esta complexidade. De acordo com as sugestões, que recebemos dos peritos da indústria, decidimos utilizar o JSON como linguagem de definição de requisitos devido ao módulo de encaminhamento que estamos a utilizar, que é o router angularUI.

### 5.5.1. Definição do fluxo de aplicação

A definição do fluxo de aplicação é feita utilizando o JSON. Pode definir os seus diferentes estados e utilizando este router angualarJS UI. Ao utilizar este módulo, podemos definir os parâmetros de estado nessa altura e aí. O ficheiro de esquema utiliza linguagem natural que facilita a sua compreensão por um utilizador não técnico. cada estado tem a sua própria identificação única. o utilizador também pode definir o seu título. se o utilizador necessitar de um modelo personalizado definido pelo utilizador também. outra característica que inclui aqui é a utilização de estados de criança. Cada estado pai pode ter qualquer número de estados filhos. isto torna-o o protótipo altamente personalizável. além disso, os utilizadores podem definir como os dados devem ser exibidos no lado do cliente. modelos de dados relacionados podem também ser definidos usando o mecanismo de definição de fluxo. Discutiremos mais sobre a forma como a definição do fluxo de aplicação é implementada no capítulo de implementação.

### 5.5.2. Definição do modelo de dados

o sistema proposto requer uma definição do modelo de dados que pode ser usado para gerar a base de dados. de acordo com a pesquisa que realizámos, identificámos que não só os modelos de dados mas também as validações de entrada do utilizador também podem ser definidos. bem como as mensagens apropriadas e os tipos de dados de cada um destes modelos podem ser definidos usando o modelo de dados. outra vantagem deste modelo de dados em relação a pesquisas anteriores realizadas é que também podemos especificar o elemento de IU que precisa de ser usado em cada um dos campos de dados usando este modelo de dados. o scan especifica a cadeia de ligação à base de dados que será usada no protótipo gerado. Além disso, os utilizadores podem definir as relações entre os diferentes modelos de dados. na fase inicial, isto suporta as relações de ter-um, ter-muitos e pertencer a relações.

### 5.8. Protótipo Gerado

*Figura 5-8 Desenho de protótipo gerado de nível superior*

Como discutimos anteriormente o protótipo gerado consiste em duas secções principais. a primeira é a aplicação do lado do cliente, a segunda é a API de repouso que fornece dados para funcionar a aplicação do lado do cliente. ambas as aplicações utilizam tecnologias mais recentes que permitem aos utilizadores concentrarem-se mais na implementação em vez de se concentrarem em tecnologias diferentes. A API de repouso gerado suporta também autenticação móvel. isto permite aos programadores uma implementação de aplicação móvel sem complicações. como discutimos antes do frontend gerado é também alimentado por Angular JS que é a mais popular estrutura de aplicação de página única para JavaScript nos dias de hoje. Se os utilizadores requerem o front end num Framework diferente, está apenas a um driver de linguagem de distância. inicialmente o backend é alimentado pelo nó JS. O protótipo API gerado é construído em cima do Express JS framework e também usa sequelize como ORM. devido ao seu inteligente construtor de consultas, não temos de nos preocupar com a forma como os dados são lidos e recuperados da base de dados

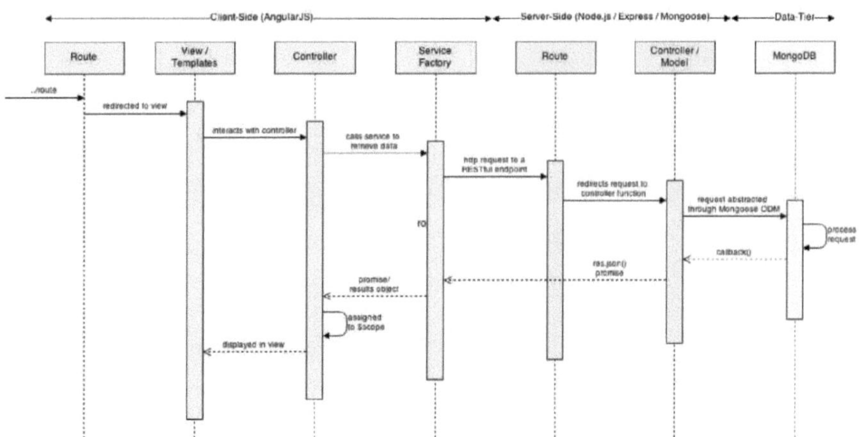

*Figura 5-9 Vista detalhada da comunicação de dados entre a aplicação gerada do lado do cliente e a do lado do servidor*

## 5.8.1. Arquitectura de desenho de aplicação gerada do lado do cliente

O diagrama seguinte descreve como a aplicação angularJs do lado do cliente funciona com as suas dependências, bem como o código modularizado.

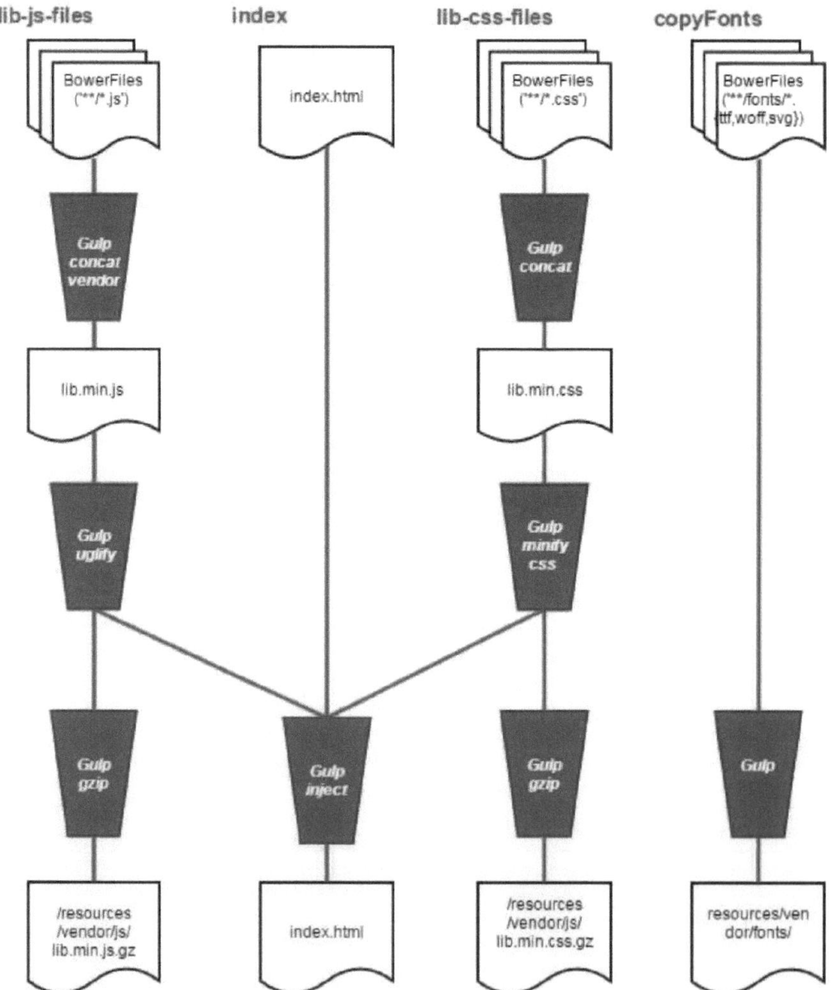


*Figura 5-10Processo da aplicação do lado do cliente que trabalha com o gulp task runner*

## 5.9. Gestão de dependências, trabalho de base sobre o protótipo gerado

Um bom gerador de protótipos deve ser capaz de realizar a maior parte do trabalho em nome do desenvolvedor. o objectivo principal de uma aplicação de protótipos é reduzir o tempo gasto em diferentes tarefas. quando discutimos sobre uma boa ferramenta de protótipos, podemos caracterizá-la sobre um conjunto de funcionalidades destacadas que deve fornecer,

### 5.9.1. Controlo de versões

A solução proposta fornece um sistema de controlo da versão out of the box que suporta a integração com serviços populares como o bitbucket ou o GitHub. Recomenda-se sempre a utilização do controlo de versões num projecto antes mesmo do início do projecto. Esta é uma das características que não foi incluída na maioria das pesquisas em que lemos.

### 5.9.2. Gestão de dependências

Para este produto, utilizámos npm como nosso gestor de dependência. porque esta solução é construída utilizando o nó JS. além disso, os protótipos que são gerados estão também a utilizar os seus próprios gestores de dependência. a aplicação do lado do cliente utiliza bower como seu gestor de dependência. este é o gestor de dependências mais popular para aplicações web do lado do cliente com Angular JS versão 1. a API de repouso gerada é construída utilizando o nó JS e utiliza npm como gestor de dependências. normalmente a instalação destes gestores de dependências, bem como a decisão sobre as dependências necessárias demora cerca de 5 a 12 horas, dependendo da complexidade do projecto. Reunimos todas as dependências necessárias dentro destes protótipos gerados. isto assegura que os programadores se podem concentrar na implementação da solução em vez de gastar tempo extra no tempo inicial de configuração.

### 5.9.3. Compilação e construção

Embora utilizemos JavaScript com nó JS, o JavaScript está desactualizado agora e a nova versão do JavaScript é o ES 6. Para apoiar o ES6, usamos o babel como o superescrito do JavaScript que mais tarde é compilado automaticamente no JavaScript. Para a aplicação do lado do cliente, usamos typescript que é também um superscript de JavaScript e um padrão de codificação aceite pela indústria para aplicações web front end. Usando typescript, obtemos um código de fácil manutenção.

### 5.9.4. Teste e integração contínua

Para tornar o processo de construção e integração contínua mais rápido, usamos o gulp task runner [26] no protótipo gerado. E como a estrutura de teste no protótipo gerado, é gerada utilizando estruturas de teste mocha e chai.

### 5.10. Summery

Neste capítulo, foi discutida uma descrição detalhada da concepção do sistema. A utilização de diferentes tecnologias foi também mencionada neste capítulo. No próximo capítulo, discutiremos sobre a implementação do sistema proposto, de acordo com os desenhos que discutimos

# Capítulo 6

# 6. Implementação

## 6.1. Introdução

No capítulo anterior, discutimos a imagem completa de toda a solução e discutimos a arquitectura do sistema da solução proposta. Neste capítulo, olhamos para a nossa implementação da solução. A solução proposta consiste em quatro módulos principais e discutiremos como estes módulos são implementados, assim como este capítulo discutirá a implementação do protótipo gerado.

## 6.2. Solução global

A solução global foi implementada como uma aplicação de código aberto que pode ser acedida por qualquer cliente a correr em qualquer sistema operativo, incluindo Windows, Linux ou MacOS. As aplicações protótipo construídas são baseadas na arquitectura cliente-servidor. E suporta multi-linguagem, bem como a geração de código fonte multiplataforma.

## 6.3. Implementação da solução

A solução proposta é uma colecção de módulos de software, em que cada módulo consiste em sub-módulos diferentes. Estes módulos estão a utilizar diferentes tecnologias, mencionadas no capítulo de tecnologia (capítulo 3) para atingir o seu objectivo e passar os resultados para o módulo seguinte. O resultado final da solução é um protótipo de código-fonte de aplicação web que é gerado utilizando linguagem de saída definida pelo utilizador (PHP, NodeJS, etc.).

### 6.3.1. Preparação

Antes de se iniciar a implementação, todo o trabalho de preparação foi feito como discutimos nos capítulos anteriores. Tais como a criação de versões de controlo dos processos de criação, criação de mecanismos de teste, etc. Encontrar bons projectos de sementes para condutores de línguas foi também uma tarefa de pré-preparação, uma vez que o protótipo gerado necessitava de um número de rondas de afinação fina. Foi também realizado um estudo sobre as APIs REST antes de se iniciar a implementação da solução proposta. Isto ajudou-nos na concepção de um projecto de sementes totalmente caracterizado e seguro para aplicação do lado do servidor.

### 6.3.2. Programação

Para programação, utilizámos o Visual Code IDE que fornece um conjunto de ferramentas abrangentes para trabalhar em projectos de código aberto. E funciona em qualquer plataforma. O sistema foi implementado utilizando o nó js. O plugin Nodemon era para reiniciar automaticamente os servidores em alterações de código. Para facilitar a manipulação de dados na base de dados, utilizámos o PHPMyAdmin, que proporciona um acesso fácil à base de dados. Para a execução do servidor mysql, utilizámos o servidor ampps.

### 6.4. Processamento de definição de requisitos armazenados em ficheiros de esquemas

Tal como discutimos durante o capítulo de concepção, foram propostos dois esquemas de definição de requisitos. De acordo com a concepção do sistema, implementámos a estrutura do esquema. Um para definir o fluxo do sistema. E outro para a definição dos modelos de dados do sistema. Ambos são descritos em pormenor a seguir,

**6.4.1. Mecanismo de definição de fluxo do sistema** Como se mostra no seguinte trecho de código, mostra uma definição de fluxo de aplicação modelo para um sistema de gestão de uma pequena biblioteca. Utilizando este ficheiro, o utilizador pode definir os seus diferentes estados, também podemos definir os parâmetros de estado. O ficheiro de esquema utiliza linguagem natural que facilita a sua compreensão por um utilizador não técnico. cada estado tem a sua própria identificação única. o utilizador também pode definir o seu título. se o utilizador necessitar de um modelo de utilizador personalizado também definido. outra característica que inclui aqui é a utilização de estados de criança. Cada estado pai pode ter qualquer número de estados filhos. isto torna-o o protótipo altamente personalizável. além disso, os utilizadores podem definir como os dados devem ser exibidos no lado do cliente. modelos de dados relacionados podem também ser definidos usando o mecanismo de definição de fluxo.

```json
{
    "id": "main",
    "title": "Welcome to FES (Forward Engineering System)",
    "template": "welcome.html",
    "linksTo": [
        "main.home"
    ],
    "children": [
        {
            "id": "home",
            "title": "Library System Home",
            "template": "home.html",
            "linksTo": [
                "main.authors",
                "main.books",
                "main.users"
            ]
        },
        {
            "id": "authors",
            "title": "Book Authors",
            "linksTo": [
                "main.home"
            ],
            "sections": [
                {
                    "title": "Users",
                    "useModel": "user",
                    "for": "list",
                    "display": "list"
                }
            ]
        },
        {
            "id": "books",
            "title": "Library Books",
            "linksTo": [
                "main.home"
            ]
        },
        {
            "id": "users",
            "title": "System Users",
            "linksTo": [
                "main.home",
```

*Figura 6-1 Esquema de Definição do Fluxo de Aplicação da Amostra*

## 6.4.2. Definição do modelo de dados

```
{
    "name" : "FES DB Schema",
    "connectionString": "mysql://root:mysql@localhost/fes",
    "models": [
        {
            "name": "user",
            "fields": [
                {"name": "firstname", "type": "String", "element":"text", "vali-
dation": {"required":"Firstname is required"} },
                {"name": "lastname", "type": "String" , "element":"text"},
                {"name": "address", "type": "Text" , "element":"textarea"},
                {"name": "email", "type": "Text" , "element":"textarea", "valida-
tion": {"email":"Valid email should be entered", "required":"email is re-
quired"}},
                {"name": "age", "type": "Number" , "element":"text"},
                {"name": "gender", "type": ["Male","Female"] , "element":"check-
box"},
                {"name": "city", "type": [ "Colombo", "Moratuwa", "Panadura",
"Mount Lavinia", "Kandy" ] , "element":"select" }
            ]
        },
        {
            "name": "permission",
            "fields": [
                {"name": "name", "type": "String" },
                {"name": "value", "type": "String" }
            ],
            "relationships": [
                {
                    "type": "hasOne",
                    "model": "user",
                    "as": "user",
                    "reversAs": "permission"
                }
            ]
        },
        {
            "name": "author",
            "fields": [
                {"name": "firstname", "type": "String" },
                {"name": "lastname", "type": "String" },
                {"name": "country", "type": "String" },
                {"name": "male", "type": "Boolean" }
            ]
        },
```

*Figura 6-2 Esquema de definição do modelo de dados da aplicação da amostra*

Como mostra a figura acima, implementámos um mecanismo de definição de modelos que é capaz de definir os modelos de dados relacionados assim como cada campo do mesmo, tipo de dados, elemento de IU que precisa de ser utilizado na geração de IU, validação de entrada assim como as mensagens adequadas para validações de entrada. de acordo com o código de amostra fornecido, a relação entre modelos de dados também pode ser definida.

## 6.4.3. Projectos de sementes

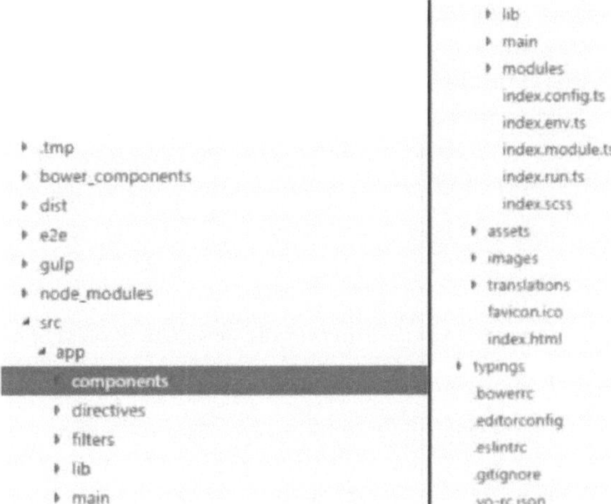

*Figura 6-3Estrutura de protótipo gerada*

Mostrada acima está a estrutura de aplicação gerada. É possível ver que o protótipo gerado para o frontend consiste na pasta de gestão de dependência da pasta de origem que são módulos_de_nó e componentes_bower. dentro da pasta de origem temos a pasta de módulos que precisa de ser modificada pelo programador para uma lógica empresarial personalizada. driver de linguagem copia os módulos gerados dentro da pasta do modelo. adicionalmente, o protótipo gerado Tecnologias de Suporte tais como SASS, webpack, HTML5 e traduções também.

## 6.5.  Drivers linguísticos para geradores de código fonte

O condutor da linguagem desempenha um papel importante na geração do código fonte para o protótipo.

### 6.5.1.  Suporte de múltiplos idiomas do lado do servidor

O nosso suporte de implementação para múltiplas línguas, embora inicialmente apenas para o NodeJS. A figura seguinte é a estrutura do condutor da língua.

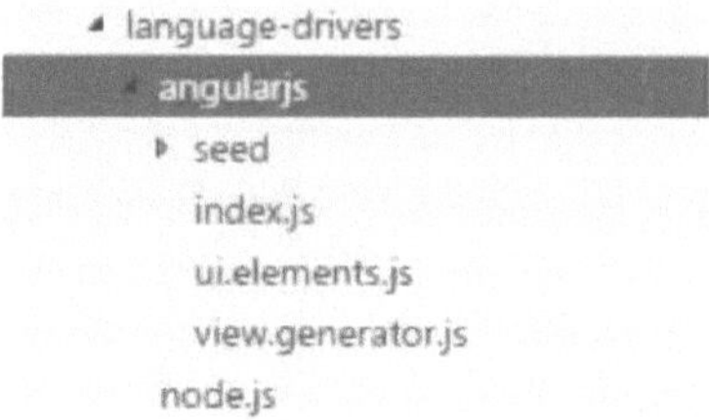


*Figura 6-4 Estrutura do condutor da língua*

Como se pode ver, o condutor da linguagem consiste no projecto de semente, gerador de elementos de interface, bem como o construtor do módulo.

```
export class angularjs {

    constructor(flow, models) {

        this.flow = flow;
        this.models = models;

        this.app = {
            modules: []
        };
```

*Figura 6-5Construtor de Condutores de Idiomas*

O construtor de cada um destes condutores de línguas toma os ficheiros de esquemas processados como entradas e utiliza-os para a geração de códigos.

## 6.5.2. Arquitectura modularizada

O protótipo gerado segue a arquitectura modularizada.

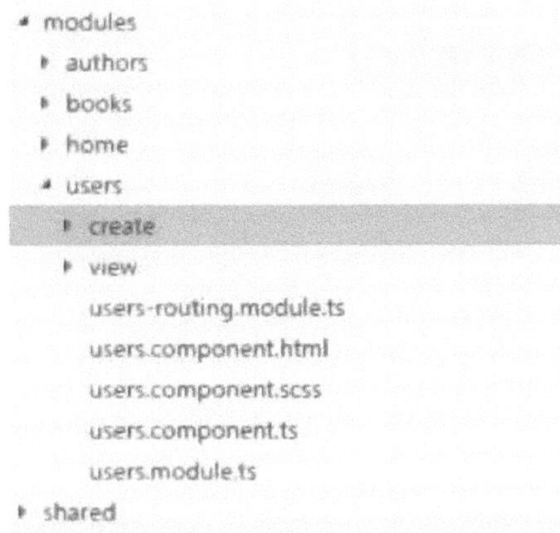

*Figura 6-6Exemplo da arquitectura modularizada gerada*

Como se pode ver para cada estado que foi definido no ficheiro de definição de fluxo, foi criada uma pasta separada como um módulo. Cada um destes módulos contém os elementos de dados de encaminhamento UI, bem como informações de estilo com ele.

```
<md-input-container>
    <input mdInput placeholder='firstname' value="">
</md-input-container>
</div>

        <div class="col-md-12">
<md-input-container>
    <input mdInput placeholder='lastname' value="">
</md-input-container>
</div>

        <div class="col-md-12">
<md-input-container>
    <textarea mdInput placeholder="address"></textarea>
</md-input-container>
</div>

        <div class="col-md-12">
<md-input-container>
    <textarea mdInput placeholder="email"></textarea>
</md-input-container>
```

*Figura 6-7Código fonte UI gerado com base em modelo de dados*

Esta figura mostra como os elementos de entrada da IU são gerados com base na definição do esquema do modelo de dados.

## 6.6. Interfaces de utilizador de amostra gerada

*Figura 6-8Samostra gerada UI*

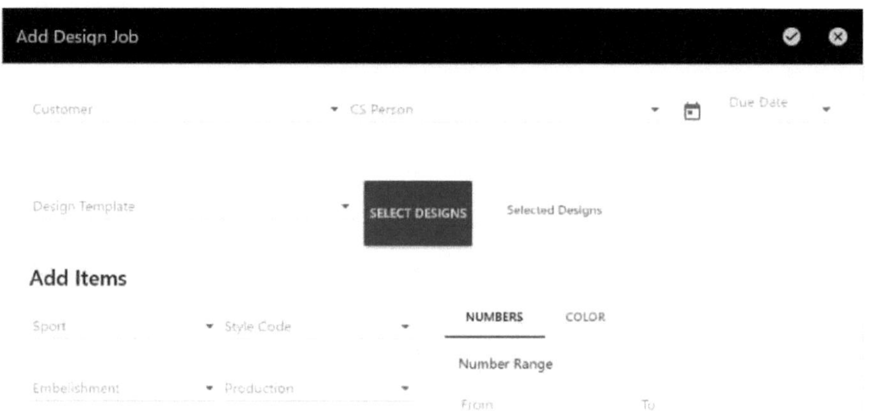



*Figura 6-9 Amostra gerada UI*

## 6.7. Summery

Este capítulo tratava da implementação da solução proposta. Descreveu sobre a implementação dos principais módulos que possui e sobre as funcionalidades com que cada módulo está equipado. O próximo capítulo descreverá como foi feita a avaliação do sistema implementado e os pormenores sobre se os objectivos foram alcançados utilizando casos de teste. Além disso, discutirá os inconvenientes e limitações do sistema implementado.

# Capítulo 7

# 7. Avaliação da solução

## 7.1. Introdução

Neste capítulo, discutiremos a forma como a solução implementada foi avaliada utilizando dois estudos de caso, nomeadamente o estudo de caso 1 - viabilidade de um sistema de gestão de biblioteca e o estudo de caso 2 - apoio à prototipagem orientada para o serviço, abaixo indicado. Estes dois estudos de caso foram desenvolvidos com o objectivo de avaliar a solução implementada. Para além da avaliação baseada em estudos de caso, foi também realizada outra avaliação baseada na observação entre um conjunto de programadores. Este capítulo discutirá também a forma como os dados foram recolhidos e como foram analisados utilizando o método de observação e foi comparado com o trabalho diário anterior realizado pelos programadores e a sua experiência após a implementação com o nosso sistema.

## 7.2. Estudo de caso 1 - Viabilidade para um sistema de gestão de biblioteca

### 7.2.1. Definição do problema

O primeiro estudo de caso que realizámos é uma geração de um sistema simples de gestão de bibliotecas. Este sistema de gestão de biblioteca é composto por utilizadores, livros, autores, bem como pelo pessoal. Os utilizadores devem ser capazes de pedir emprestados 1 ou mais livros. Cada livro tem um autor. E o pessoal pode gerir utilizadores, livros. O pessoal planeia implementar uma aplicação móvel no futuro. Para o mesmo fim.

### 7.2.2. Análise dos requisitos

O sistema acima mencionado e os seus requisitos devem ser totalmente preenchidos. O sistema proposto deve conter a funcionalidade CRUD para utilizadores, livros e seus autores. As relações devem ser devidamente mapeadas e a integridade dos dados deve ser mantida. De acordo com o cenário, é um ponto positivo se o protótipo gerado também puder ser utilizado com o desenvolvimento de aplicações móveis. Para apoiar isto, deve gerar uma API REST.

### 7.2.3. Concepção e implementação

A construção do processo de protótipo foi observada sob três circunstâncias, que são, a codificação manual do sistema de gestão da biblioteca. Utilizando um sistema de automatização de crudes e, em terceiro lugar, utilizando a nossa ferramenta de prototipagem rápida. Foi realizada uma observação sobre cada abordagem de implementação. E os resultados foram recolhidos com base em critérios de avaliação pré-definidos.

### 7.2.4. Avaliação

**Método**

Para completar a avaliação, foi decidido um conjunto de critérios de avaliação que foi utilizado para avaliar a solução. Depois disso, foi realizada uma avaliação crítica com base nestes pontos de avaliação.

**Resultados**

| Evaluation | Manual Coding | Popular CRUD automation systems | Our fast prototyping tool |
|---|---|---|---|
| Customized flow generation | Customized flow generation is not possible. But any flow can be hand coded. Time taken on this task is pretty high | Customized flow generation is not possible. Only CRUD operation interfaces are generated | Yes. Customized flow can be generated. |
| Model-Driven architecture | Yes. Model driven approach is possible. Again, the time taken on programing to support model-driven architecture is high. | Yes. Was very fast in generating the code with necessary data models | Yes. Was very fast in generating the code with necessary data models |
| MVC design pattern | Yes. time taken on programing is high. | For Some CRUD generators, Yes. Was very fast in generating the code | Yes. Was very fast in generating the code |
| Relationship mapping and ORM support | Yes. time taken on programing is high. | For Some CRUD generators, Yes. Was very fast in generating the code | Yes. Was very fast in generating the code |
| Server-side REST api support | Yes. Research and following best practices takes a very long time. And experienced developers | No | Yes. Was very fast in generating the code |
| Industry accepted framework usage | Yes. Again, developer needs to research on coding and best practices as well as setting up the initial development work | No. except very few researches | Yes. Was very fast in generating the code |
| Time spent on the project | 3 days. This included initial ground up work. | Generation of crud completed in about 2 hours. But again, time had to spend | Using the prototyping tool which we have developed. Complete system was able generate in 20 minutes. |

| | Setting up and installing dependencies. And various other initial state tasks which we have discussed in this book | on setting up the project as well as customizing the generated code to support related data manipulation. This extended the time taken by using a CRUD automation time to 1.5days | Customization to the UI as well as fine tuning the generated code took about another 1 hour. Which makes it a 2 hours maximum to generate the required prototype. |


*Quadro 7-1Avaliação realizada no estudo de caso 1*

Como previsto, o código manual demorou o tempo mais longo que está prestes a completar o projecto. Porque trabalhavam de forma tradicional e não estavam a utilizar a tecnologia moderna. Os sistemas de automação CRUD foram rápidos a automatizar as automatizações CRUD, mas estavam a ficar para trás quando se tratava de

## 7.3. Estudo de caso 2 - Prototipagem orientada a serviços e geração de códigos

O estudo de caso 2 foi conduzido com base na capacidade de prototipagem orientada para o serviço da ferramenta que propusemos. O principal objectivo desta investigação é reduzir o tempo necessário para a realização de diferentes tarefas. Além disso, deve ser capaz de ser utilizado por um utilizador novato. E a simplicidade é a chave.

### 7.3.1. Definição do problema

Normalmente, uma reunião de clientes é conduzida por um analista de negócios ou um gestor de projectos, onde recebem a exigência do cliente e a transmitem aos líderes e desenvolvedores de tecnologia. Para esclarecer o requisito, são conduzidas várias reuniões de clientes. Algumas vezes, quando um promotor está disponível, podem levar o promotor com ele. Onde o promotor também recebe o requisito e verifica a viabilidade técnica do requisito do cliente. O objectivo é conseguir isto sem gastar o tempo de um promotor numa reunião de clientes. Neste sentido, deve haver um mecanismo de protótipo onde qualquer pessoa pode gerar um protótipo utilizando uma ferramenta simples e mostrá-lo ao cliente e obter a confirmação nessa altura e nesse momento. Mesmo sem a criação de uma ferramenta de prototipagem na própria máquina local. É preferível uma solução baseada em nuvens.

### 7.3.2. Especificação do requisito

De acordo com o cenário, deveria haver uma ferramenta de prototipagem que funcionasse na nuvem. Que deverá permitir às pessoas fazer o protótipo e descarregar o código fonte gerado, o qual poderá então ser executado numa máquina local.

### 7.3.3. Concepção e implementação

Tal como o estudo de caso anterior, foi feita uma avaliação comparando dois produtos disponíveis. Tentámos criar protótipos utilizando soluções baseadas em nuvens disponíveis e testámos as capacidades. A geração do sistema de gestão de bibliotecas acima mencionado é o objectivo.

### 7.3.4. Avaliação

**Método**

A avaliação foi feita através da avaliação dos 2 produtos disponíveis sob diferentes critérios que são mencionados abaixo.

- Invisão [27]

- Protolo [28]

- MockUps [29]

**Resultados**

Infelizmente, nenhum dos trabalhos de investigação que avaliámos na revisão bibliográfica não apoia a prototipagem baseada em nuvens. Neste caso, iremos avaliar a nossa ferramenta com outras ferramentas de prototipagem que estão disponíveis no mercado com suporte de nuvens.

| Evaluation | Other available tools | Our fast prototyping tool |
| --- | --- | --- |
| Support for automatic code generation | No. any of the available online prototyping tool does not provide a functionality to generate automatic code generation | Yes |
| Support for customized flow definition | Yes. Even though they don't have automated code generation tools which are available, capable of handling customized flow generation. This is only for client-side | Yes. For both client-side and server-side . |
| Automating CRUD operations | No | Yes |
| Interactive designer | Yes. All of these tools interactive designer which mostly focuses on customized UI | No. our proposed system doesn't include an interactive designer at the moment |
| All the evaluations from the case study 1 | No | Yes |
| Time taken on generating a prototype | Users were able to generate a prototype in about 3 hours and they mostly spend time on designing the UI. | People were able to generate and download the application in about 20 mins. Though they needed to install dependencies separately once the project is downloaded. UI was not customizable as much the other tools which we used. |

Quadro 7-2 Avaliação Realizada no estudo de caso 2

Identificámos que uma ferramenta de prototipagem que funciona na nuvem é um requisito que precisa de ser cumprido. Nenhum deles foi capaz de gerar uma API REST ou operações CRUD, o que é um requisito obrigatório para os programadores que trabalham na indústria. Foram também identificadas melhorias na investigação, tais como designer interactivo.

## 7.4. Outras avaliações

Aqui discutiremos sobre a avaliação da solução implementada de outras formas. E o método de avaliação está a observar a utilização de programadores do mundo real que utilizam o sistema para gerar o primeiro nível (protótipos de aplicação) do código dos projectos dos seus clientes. Isto irá passar pelos casos de teste que foram utilizados para avaliar o sistema. Além disso, discutiremos se o sistema cumpre a meta e os objectivos que discutimos anteriormente. Além disso, discutiremos sobre o desempenho e o tempo reduzido pelos desenvolvedores do seu trabalho repetitivo do dia-a-dia e como tem contribuído positivamente para o seu trabalho ao mesmo tempo que aumenta a eficiência e eficácia dos projectos que levaram a cabo.

### 7.4.1. Participantes

**Redot Pvt Ltd**

Redot Pvt Ltd foi fundada em 2012 no Sri Lanka e é uma empresa de TI florescente que fornece serviços aos seus clientes nos campos das aplicações web e aplicações móveis virtualmente. Serve PMEs em todo o mundo e satisfaz clientes em todo o mundo. Uma vez que a maioria dos clientes são de Singapura, já foi também registada em Singapura. Os serviços que prestam incluem o desenvolvimento, concepção, integração e manutenção de serviços web, aplicações móveis, optimização de motores de busca, rede e segurança e gráficos.

O principal participante na avaliação do projecto foi uma equipa de 10 programadores da Redot Pvt Ltd, na qual a maior parte deles eram de formação em desenvolvimento de aplicações web e trabalhavam em projectos de aplicações web na altura em que esta avaliação foi feita. Todos os participantes têm uma experiência que varia entre 2-8 anos na indústria e cinco em cada dez programadores estão actualmente a ler para o seu mestrado em tecnologia da informação, tendo concluído o seu primeiro grau. Os programadores acima mencionados expõem-se constantemente às novas actualizações e conhecimentos circulados na indústria e tentam incorporá-los nas suas áreas de trabalho relacionadas para tornar o seu trabalho mais fácil e conveniente para os clientes que servem.

**Effro Pte Ltd**

Effro é um mercado de talentos on-demand que ajuda os pesquisadores que procuram talentos em diferentes desempenhos a encontrar facilmente os talentos necessários. Ajuda os planeadores de eventos a encontrar talentos específicos para cada evento, quer sejam os convencionais, emcees, bailarinos, modelos ou cantores ou os únicos leitores de cartas de tarot, artistas parkour ou comedores de fogo. A Effro é basicamente uma empresa registada em Singapura e agora serve-a a clientes que virtualmente permitem a muitas pessoas aceder a talentos de todo o mundo.

O sistema de software que foi gerado utilizando a ferramenta de protótipos foi testado por quatro testadores da Effro Pte Ltd, o que ajudou a avaliá-lo de diferentes perspectivas e permitiu trazer diferentes ideias e sugestões para fazer deste projecto um sucesso.

**Ranomark Pvt Ltd**

Ranomark International Pvt Ltd é uma empresa de média escala que fornece soluções informáticas totais, trabalhando para ajudar as pequenas, médias e grandes empresas a serem bem sucedidas na web. Com experiência em todos os aspectos do negócio online, ajudam a criar um plano para tornar o sítio web um aspecto altamente eficaz do negócio.

Ranomark tem designers apaixonados, programadores e estrategas com uma sede insaciável de construir produtos espantosos. Eles trabalham com clientes para desenvolver novos produtos, reconstruir aplicações mais antigas e criar protótipos. As suas principais proficiências são em HTML, PHP, design de experiência de utilizador CSS e desenvolvimento móvel.

Um grupo de dois desenvolvedores e um testador foi utilizado para verificar a validade do sistema de software gerado utilizando a nossa ferramenta de protótipo e o seu feedback sobre o mesmo foi tido em conta ao fazer também os ajustes finais ao protótipo

### 7.4.2. Ambiente de teste

**Ambiente de Desenvolvimento**

Os sistemas de software gerados utilizando a ferramenta de protótipos foram desenvolvidos pelos criadores da Redot Pvt e da Ranomark Pvt Ltd. As duas equipas tentaram gerar sistemas de software diferentes e também tentaram descobrir os cenários em que os sistemas eram capazes de fornecer os resultados desejados e também os cenários que não conseguiam fornecer os resultados desejados. Tentaram utilizar os sistemas para testar diferentes casos de teste em diferentes projectos, de modo a ajudar o sistema a ser avaliado em diferentes aspectos.

**Ambiente de teste**

Os testes foram feitos em ambiente de trabalho de escritório. E a pré-instalação do projecto (clonagem do repositório GIT alimentado por um balde de bits) foi feita antes do início do projecto e nenhuma configuração ou modificação específica da linguagem foi feita, uma vez que a FES trata destas tarefas.

Os testes foram feitos pela Effro Pte Ltd e testaram a adaptabilidade, qualidade, instalação, desempenho em tempo real do software gerado que foi gerado utilizando o FES.

### 7.4.3. Casos de teste

Foram utilizados casos de teste e métodos deferentes durante a avaliação da investigação.

**Poupança de tempo**

- 2 equipas de projecto foram escolhidas da redot pvt ltd com as mesmas capacidades e conhecimentos.
- A cada equipa foi atribuído um conjunto de tarefas a executar
  - Tarefa 1 - Estabelecer o projecto
    - Activação do controlo da versão
    - Início do projecto ect
    - Criação de gestores de dependência
    - Instalação de dependências
    - Criação de ambientes
  - Tarefa 2
    - Adicionar uma operação CRUD para módulo do utilizador
    - Escrever casos de teste para cada ponto final
    - Seguir as normas de codificação aceites pela indústria
  - Tarefa 3
    - Modificar as operações de CRUD para apoiar a manipulação de dados com relacionamentos, mantendo a integridade dos dados. Ex: o utilizador temMuitas permissões
- A equipa 1 estava equipada com a Nossa ferramenta de Prototipagem e a outra equipa seguia as suas tarefas diárias de desenvolvimento para alcançar os mesmos objectivos
- Após 20 minutos, a equipa 1 foi capaz de completar as 3 tarefas e a equipa 2 ainda estava na fase de criação de gestores de dependência.
- Para completar as 3 tarefas a equipa 2 levou mais de 5+ horas

Este caso de teste mostra-nos que a ferramenta de prototipagem reduz o tempo necessário para o dia a dia e as tarefas repetitivas em quantidades muito elevadas. Isto poupa muito tempo e dinheiro para a empresa.

## Poupança de custos

Como mencionado acima, o tempo de programação foi reduzido em 3000%, o que é uma quantidade considerável, e as horas-homem que foram poupadas são cerca de 10, uma vez que 2 programadores faziam parte de uma equipa.

A poupança de custos estimada para a empresa é de cerca de 14000LKR apenas em relação a essas 3 tarefas.

## Verificação da qualidade do código gerado

Os programadores do ranomark pvt ltd estavam a examinar o código fonte gerado e concordaram que o código fonte gerado segue os padrões da indústria. Mas estava a gerar alguns segmentos que não eram exigidos pelo cliente. Tinha de ser removido manualmente pelo programador.

## Código de erro livre / código de erro mínimo

A ferramenta de prototipagem gera os casos de teste para cada um dos pontos finais que gera. Os programadores tentaram executar estes casos de teste e, na maioria das vezes, todos os casos de teste passaram, o que sugere que a ferramenta de prototipagem está a gerar código com o mínimo de erros.

## Manuseamento da integridade dos dados

Esta ferramenta é capaz de gerar relações modelo e não teve problemas em gerar a IU necessária que envolveu múltiplos modelos de dados. Era capaz de lidar com a integridade dos dados e executar a validação com base nestas dependências de modelos de dados

**Recolha de dados**

Os dados foram principalmente recolhidos através de observações enquanto os criadores estavam empenhados em desenvolver os sistemas utilizando a ferramenta de protótipos no ambiente de desenvolvimento acima mencionado. Estes estavam a ser observados principalmente nas categorias abaixo, tais como

- o tempo gasto na codificação da instalação inicial
- custo ligado ao desenvolvimento
- envolvimento dos empregados quando utilizam os sistemas desenvolvidos com a ferramenta de protótipos
- eficiência e eficácia dos projectos realizados
- a extensão dos erros e disfuncionamentos dos sistemas desenvolvidos.

**Feedbacks pessoais**

Os feedbacks pessoais foram retirados de desenvolvedores e testadores da Redot Pvt Ltd, Ranomark Pvt Ltd e Effro Pte Ltd, uma vez que foram os principais desenvolvedores que testaram os sistemas que foram gerados utilizando a ferramenta de protótipos. Os seus feedbacks pessoais também ajudaram muito a melhorar este projecto, uma vez que estão também familiarizados com a mais recente tecnologia utilizada na indústria e também equipados com conhecimentos e as competências necessárias para desenvolver as sofisticadas aplicações web e aplicações móveis necessárias.

**7.4.4. Análise de dados**

**Tempo gasto na instalação inicial**

Observou-se que normalmente levaria um mínimo de duas semanas para terminar a montagem inicial de um projecto através de codificação manual, dependendo dos requisitos de um projecto. Mas ao utilizar a ferramenta de elaboração de protótipos, os criadores seriam capazes de gerar a configuração inicial em pouco tempo, uma vez que esse trabalho é feito automaticamente pela ferramenta de elaboração de protótipos. Devido a isto, o tempo gasto nos projectos pode ser reduzido e os programadores podem concentrar-se noutras funções importantes de um projecto relacionadas com o desenvolvimento web e aplicações móveis e poupar tempo para problemas mais complexos que possam surgir num projecto.

**Custos relacionados com o desenvolvimento**

Uma vez que a codificação manual requer muito tempo, recursos e capital humano quando um projecto está a ser avaliado, um montante substancial de custos seria atribuído aos promotores. Mas utilizando a ferramenta de prototipagem, o tempo gasto pode ser imensamente reduzido, permitindo assim que as organizações reduzam também o custo, porque num negócio o tempo é considerado como custo. E se o tempo pode ser reduzido, o custo também pode ser reduzido. Uma vez que o promotor pode mostrar a configuração inicial do projecto ao utilizador final durante a própria primeira reunião, reduz o número de revisões ao utilizador final e ajuda a manter também uma boa relação com o cliente, uma vez que permite que ambas as partes sejam claras sobre os resultados finais da própria primeira reunião.

**Redução do trabalho repetitivo**

Quando um sistema de software é desenvolvido, envolve muita codificação manual repetitiva que pode ser diferente de projecto para projecto, dependendo dos requisitos do projecto. O trabalho repetitivo afectará negativamente também o programador, uma vez que o mesmo código tem de ser repetido uma e outra vez. Isto conduzirá a um trabalho monótono e afectará directamente a eficiência e a eficácia do próprio projecto. A ferramenta de prototipagem gera as operações CRUD do sistema gerado de forma inteligente e, como já mencionámos anteriormente, através da ferramenta de prototipagem, o número de trabalho repetitivo foi reduzido consideravelmente e os programadores puderam concentrar-se mais em outras tarefas importantes de desenvolvimento e implementação, tais como manipulação da lógica empresarial, optimização do código fonte, optimização do desempenho e melhoria da IU gerada do projecto.

## 7.5. Objectivo

O principal objectivo deste projecto é reduzir o tempo necessário para tarefas repetitivas de desenvolvimento, mantendo ao mesmo tempo um bom código saudável. O que acaba por conduzir a projectos bem sucedidos.

## 7.6. Objectivos

- Gerar o código fonte do software tal como um gerador de aplicações web
- Automatizar o sistema gerador de código fonte CRUD
- Gerar o fluxo do sistema
- Suporta múltiplos idiomas front-end e back end


- Apoiar múltiplas bases de dados
- Gerar o código fonte que segue os padrões da indústria
- Gerar casos de teste
- Permite aos membros da equipa do projecto uma solução de prototipagem baseada em nuvens


## 7.7. Desvantagens e limitações

Uma vez que a ferramenta de prototipagem gera automaticamente código para o software necessário, deixa menos ou nenhum espaço para erros de sintaxe e os códigos gerados estão ao nível dos padrões da indústria. Ajuda os programadores a serem mais flexíveis e ajuda-os a serem mais inovadores e a percorrer aquela milha extra para satisfazer os seus clientes, uma vez que lhes permite sentir-se mais relaxados.

Uma desvantagem que foi notada pelos programadores foi que gera Endpoints API para todos os cenários possíveis, o que por vezes é desnecessário. Os programadores tiveram de remover manualmente estes segmentos de código para melhorar ainda mais a qualidade do código.

Outro inconveniente que foi notado foi que não pode lidar com cenários muito complexos, uma vez que este projecto é uma fundação inicial uma ferramenta de protótipos em que podem ser feitas melhorias para o futuro.

## 7.8. Summery

Este capítulo discutiu integralmente a avaliação e os testes do sistema de acordo com a finalidade e os objectivos definidos. Os resultados desta avaliação foram entregues ao director-geral da Redot Pvt Ltd. O próximo capítulo discutirá sobre a conclusão e os trabalhos futuros do projecto.

# Capítulo 8

# 8. Conclusão

## 8.1. Introdução

A realização global da Prototipagem Rápida Orientada para os Serviços, baseada no esquema de definição de requisitos, é completada e bem sucedida. Seguem-se as tarefas que foram visadas pelo sistema.

- Geração automatizada de CRUD
- Geração automatizada de fluxo de aplicação
- Validação automatizada da entrada do utilizador para o código gerado
- Elementos de aplicação automatizada UI
- Mecanismos automatizados de encaminhamento de aplicações
- Apoio a multiplataformas e múltiplas bases de dados
- Gerar código multilingue
- Geração de código testável e reutilizável
- Permitir a geração de protótipos baseados em nuvens

## 8.2. Conclusão

A construção de uma Prototipagem Rápida Orientada para Serviços com base no esquema de definição de requisitos foi conseguida com sucesso. Estudando a forma como os utilizadores do sistema interagem, podemos ver que este pode reduzir grandemente o tempo de arranque do seu projecto.

temos o prazer de mencionar que passámos por vários mecanismos de validação, ferramentas de geração de código aberto, melhores práticas de código de software. Tecnologias mais recentes, como a angular4. Como resultado, somos agora um programador experiente da angular4 e estamos a receber uma grande procura também no meu local de trabalho.

Ao fazer esta pesquisa, as minhas capacidades de codificação melhoraram desde que o código que foi gerado pelo sistema teve de corresponder aos padrões da indústria e de ser amigável para o programador. aprendemos sobre ferramentas de teste de código aberto que foram utilizadas para testar o código gerado.

Quando se trata da ferramenta de prototipagem, foi um projecto realmente útil para mim como programador e também para outros programadores. E esta ferramenta de prototipagem rapidamente se tornou uma ferramenta popular entre os meus colegas. Três sistemas já foram construídos utilizando esta ferramenta de elaboração de protótipos, e 1 projecto foi recentemente implementado, que é http://www.effro.com .

Como conclusão, a Prototipagem Rápida Orientada para Serviços baseada no esquema de definição de requisitos foi uma investigação bem sucedida e atingiu os seus objectivos. Reduzindo cerca de 1 - 4 semanas de trabalho desde a fase de desenvolvimento.

## 8.3. Obras futuras

Embora a ferramenta de protótipo esteja a gerar o código de que os programadores precisavam, o programador deve ter algum conhecimento de programação e escrever o código em formato JSON, uma vez que os utilizadores não técnicos necessitam de alguma aprendizagem para utilizar esta ferramenta. Podemos introduzir uma ferramenta de desenho para este projecto que irá gerar o esquema JSON exigido pela ferramenta de protótipo. que tornará o FES utilizável mesmo por uma pessoa não-técnica. E isto será altamente útil para analistas empresariais, gestores de projecto, bem como para designers de sistemas. E pode ser introduzido para gerar aplicações de pequena escala totalmente funcionais.

Como mencionámos acima, esta ferramenta de prototipagem requer apenas 2 esquemas do JSON e utiliza uma linguagem simplificada para definir o sistema. Podemos torná-lo mais fácil de utilizar introduzindo o reconhecimento de voz e API de baixo nível que irá gerar o esquema JSON necessário para os requisitos do cliente. E isto conduzirá a uma aplicação que pode ouvir os requisitos do utilizador e gerar um protótipo com base nisso.

Outra melhoria planeada nesta matéria é que o designer interactivo semelhante ao que encontrámos durante a avaliação. Isto permitirá aos utilizadores conceberem os seus sistemas mais facilmente.

## 8.4. Summery

Este capítulo permitiu uma conclusão da solução global alcançada pelo projecto de Investigação intitulado Service Oriented Fast Prototyping Code generation com base no esquema de definição de requisitos feito na faculdade de TI da Universidade de Moratuwa e no trabalho adicional como um melhoramento do projecto actual.

# Referências


[1]   S. Mbarki e M. Erramdani, "Toward automatic generation of mvc2 web applications", *ResearchGate.*

[2]   S. Lazetic, D. Savic, S. Vlajic, e S. Lazarevic, "A generator of MVC-based web applications", *WorldComput. Sci. Inf. Technol. J. WCSIT*, vol. 2, no. 4, pp. 147156, 2012.

[3]   M. L. Bernardi, G. A. Di Lucca, e D. Distante, "A model-driven approach for the fast prototyping of web applications", in *Web Systems Evolution (WSE), 2011 13th IEEE International Symposium on*, 2011, pp. 65-74.

[4]   R. Cheung, "XFlash- uma estrutura de concepção de aplicações web com metodologia orientada por modelos", *Int. J. U- E-Serv. Sci. Technol.*, vol. 1, no. 1, pp. 47-54, 2008.

[5]   P. Vuorimaa, M. Laine, E. Litvinova, e D. Shestakov, "Leveraging declarative languages in web application development", *World Wide Web*, vol. 19, no. 4, pp. 519-543, Jul. 2016.

[6]   A. Bulajic, S. Sambasivam, e R. Stojic, "Uma configuração eficaz de ambiente de desenvolvimento para software de sistema e aplicação", *Issues Informing Sci. Inf. Technol.*, vol. 10, pp. 37-66, 2013.

[7]   "Auto PHP Codeigniter CRUD | Grocery CRUD". [Online]. Disponível: http://www.grocerycrud.com/. [Acesso: 28-Ago-2016].

[8]   "Pilha Angular Completa". [Online]. Disponível: http://angular- fullstack.github.io/generator-angular-fullstack/. [Acesso: 28-Ago-2016].

[9]   "Plataforma de desenvolvimento rápido de aplicações móveis e aplicações web". [Online]. Disponível: http://www.webratio.com/site/content/en/home. [Acesso: 28-Ago- 2016].

[10]   "Node.js.". [Online]. Disponível: https://nodejs.org/en/. [Acesso: 18-Dez-2016].

[11]   "Express 4.x - Referência API". [Online]. Disponível: https://expressjs.com/en/4x/api.html. [Acesso: 08-Set-2016].

[12]   "Esquema do JSON". [Online]. Disponível: http://json-schema.org/. [Acesso: 18-Dez- 2016].

[13]   "Angular". [Online]. Disponível: https://angular.io/. [Acesso: 17-Dez-2016].

[14]   "Sequelize | The Node.js / io.js ORM for PostgreSQL, MySQL, SQLite e MSSQL". [Online]. Disponível: http://docs.sequelizejs.com/en/v3/. [Acesso: 21- Abr-2017].

[15]   "Mocha - a estrutura de teste divertida, simples e flexível de JavaScript". [Online]. Disponível: https://mochajs.org/. [Acesso: 21-Abr-2017].

[16]   "Chai". [Online]. Disponível: http://chaijs.com/. [Acesso: 21-Abr-2017].

[17]   Atlassian, "Bitbucket | The Git solution for professional teams", *Bitbucket.* [Online]. Disponível: https://bitbucket.org. [Acesso: 03-Maio-2017].

[18]   "Visual Studio Code - Edição de Código". Redefinido". [Online]. Disponível: http://code.visualstudio.com/. [Acesso: 03-Maio-2017].

[19]   colaboradores do phpMyAdmin, "phpMyAdmin," *phpMyAdmin.* [Online]. Disponível: https://www.phpmyadmin.net/. [Acesso: 03-Maio-2017].

[20]   "WAMP, MAMP e LAMP Stack : Softaculous AMPPS" [Online]. Disponível: http://www.ampps.com/. [Acesso: 03-Maio-2017].

[21]   Mobatek, "MobaXterm free Xserver and tabbed SSH client for Windows". [Online]. Disponível: http://mobaxterm.mobatek.net/. [Acesso: 03-Maio-2017].

[22]   "Elastic Compute Cloud (EC2) - Cloud Server & Hosting - AWS," *Amazon Web Services, Inc., Amazon Web Services, Inc., "*Elastic Compute Cloud (EC2) - Cloud Server & Hosting - AWS," *Amazon Web Services, Inc.* [Online]. Disponível: //aws.amazon.com/ec2/. [Acesso: 03-Maio- 2017].

[23]   AWS Elastic Beanstalk - Deploy Web Applications," *Amazon Web Services, Inc., "*AWS Elastic Beanstalk - Deploy Web Applications," *Amazon Web Services, Inc.* [Online]. Disponível: //aws.amazon.com/elasticbeanstalk/. [Acesso: 03-Maio-2017].

[24]   "angular-ui/ui-router", *GitHub.* [Online]. Disponível: https://github.com/angular- ui/ui-router.

[Acesso: 21-Abr-2017].

[25]   "O que é a API RESTful? - Definição de WhatIs.com", *SearchCloudStorage*. [Online].
       Disponível: http://searchcloudstorage.techtarget.com/definition/RESTful- API. [Acedido: 28-
       Mar-2017].

[26]   "gulpjs/gulp", *GitHub*. [Online]. Disponível: https://github.com/gulpjs/gulp. [Acesso: 18-Dez-
       2016].

[27]   "Digital Product Design, Workflow & Collaboration", *InVision*. [Online].
       Disponível: https://www.invisionapp.com/. [Acesso: 03-Maio-2017].

[28]   "Proto.io - Protótipos que parecem reais". [Online]. Disponível em: https://proto.io.
       [Acesso: 03-Maio-2017].

[29]   "Moqups - maquetes em linha tornadas simples". [Online]. Disponível: https://moqups.com.
       [Acesso: 03-Maio-2017].

Printed by Books on Demand GmbH, Norderstedt / Germany